그래도 사랑해야지
- 사랑과 행복 나눔 -

그래도 사랑해야지
- 사랑과 행복 나눔 -

조용기 지음

초판 1쇄 발행 2008년 8월 8일
초판 3쇄 발행 2009년 1월 12일

발행처 서울말씀사
편집인 최문홍
등 록 제11-105호

서울 강서구 가양동 1487 가양테크노타운 306
Tel. 02-846-9222
Fax. 02-846-9225

정가 10,000원

※ 잘못 만들어진 책은 바꾸어 드립니다

그래도 사랑해야지

- 사랑과 행복 나눔 -

조용기 목사 지음

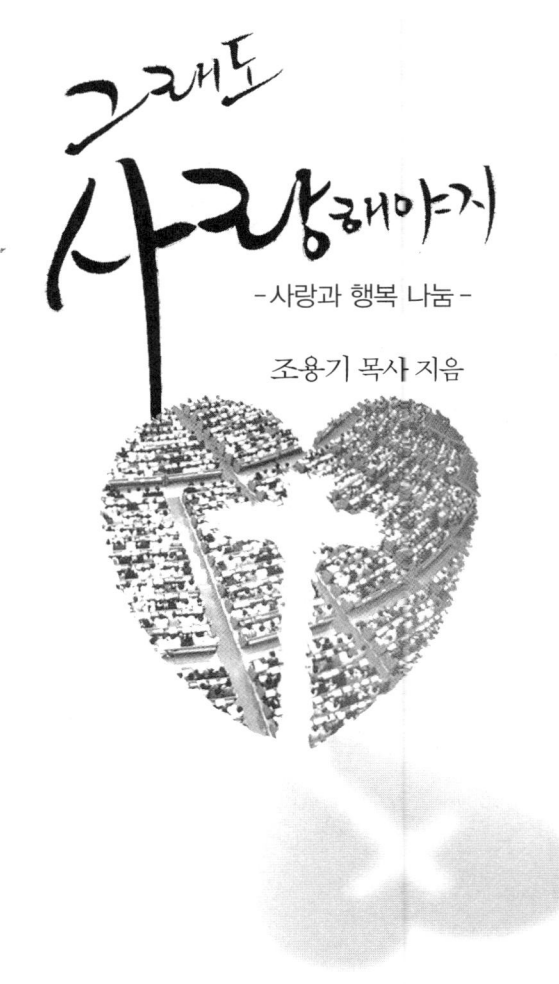

서울말씀사

"조용기 목사님에게 건강을 주시고 70배 넘치는 영권을 허락해 주시고 여의도순복음교회에 복에 복을 더하시고 지경을 넓혀 주시고 전 세계를 주님의 피 묻은 복음으로 완전히 변화시킬 수 있게 하여 주옵소서. 전 세계와 한국 교회가 여의도순복음교회를 주목하고 있습니다. 어디로 가는가 무엇을 하는가를 바라보고 있습니다. 지난날보다 지금보다 앞으로 더 많이 일하게 하옵시고 더 많이 섬기고 나누게 하여 주옵소서. 그러기 위해서 힘을 합하고 뜻을 모으게 하여 주옵소서."

2008년 5월 9일
'조용기 목사 성역 50주년 기념 기도대성회' 기도에서

박종순 목사 (국민문화재단 이사장)

머리말 Preface

　하나님께서는 은혜가 풍성하고 후히 주시기를 원하시는 분입니다. 우리는 하나님의 은혜가 없으면 한순간도 살아갈 수 없는 존재입니다. 우리가 살아가면서 하나님께로부터 받은 복을 헤아려 보면 하나님께서 얼마나 은혜가 풍성하신 분인가를 알 수 있습니다.
　저의 50년 목회를 통하여 깨달은 중요한 한 가지 사실은 주님께 모든 것을 맡기고 의지하여야 한다는 것입니다. 주님께 온전히 맡기고 나아갈 때 주님께서는 우리 안에서 역사하시고 예비하신 축복 가운데로 인도하십니다. 결국, 축복받는 삶에 있어 중요한 요소는 주님에 대한 온전한 믿음입니다. 이러한 온전한 믿음은 우리의 영성을 성장시키는 원동력이 됩니다. 믿음의 성장이 있으면 주님께 모든 것을 맡기고 의탁할 수가 있습니다. 우리 안에서 역사하시고 우리를 축복하시는 주님은 우리의 믿음이 자라기를 원하십니다.

그러나 그 믿음은 입술로만 말하는 죽어 있는 믿음이 아니라 이웃과 나누는 행위를 통하여 표현되어야 살아서 성장할 수 있습니다. 주는 훈련을 함으로써 우리의 믿음이 더욱 성장하고 주님을 더욱 의지하는 마음이 자라게 됩니다. 하나님의 은혜를 누릴 줄 아는 사람은 받은 은혜를 나누는 사람입니다. 나누어 준다는 사실 자체가 성숙한 믿음을 가졌다는 증거입니다.

하나님은 우리가 나누어 주는 데 인색하지 아니하고 후히 나누어 주기를 원하고 계십니다. 주위 사람들에게 좀 더 관대하게 대하기를 원하십니다. 그것이 축복받는 비결입니다. "이것이 곧 적게 심는 자는 적게 거두고 많이 심는 자는 많이 거둔다 하는 말이로다"(고후 9:6).

이러한 작자 미상의 시가 있습니다. "내가 배고플 때 당신은 인도주의 클럽을 만들어 내 배고픔을 주제로 토론을 벌였습니다. 내가 헐벗었을 때 당신은 마음속으로 내 벗은 모습의 도덕성에 대해 논쟁을 벌였습니다. 내가 병들었을 때 당신은 당신이 건강한 것을 하나님께 감사드렸습니다. 내가 외로울 때 당신은 나를 위해 기도하려고 나를 홀로 있게 했습니다. 당신은 너무나 거룩하고 하나님과 너무나 가까이 있지만 나는 여전히 춥고 배고프고 고통스럽습니다."

우리는 풍요의 그늘 아래 우는 자들을 보아야 합니다. 눈부신 성장을 한 큰 나무와 같은 사회일수록 소외의 큰 그늘이 있는 법입니다. 이제 한국 교회뿐 아니라 우리 사회는 성장과 풍요의 그늘 아래에서 신음하는 자들에게 사랑과 행복을 나누며 실천하는 선한 사마리아인이 되어야 합니다.

성경은 천국을 '모든 눈물을 그 눈에서 닦아 주는 곳'이라고 묘사합니다. 우리는 장차 맞이하게 될 영광스러운 천국을 소망해야 합니다. 뿐만 아니라 우리는 강도 만난 자와 같은 우리 이웃들이 '지금, 이 자리에서' 그 천국의 영광과 기쁨을 맛볼 수 있도록 해야 합니다. 주님 오실 날이 멀지 않은 이때에 우리 모두 사랑과 행복을 나누는 운동에 적극적으로 동참하여 주님께 큰 영광을 올려야겠습니다. 그리하여 우리가 누리는 천국 잔치가 저 세상에서만의 잔치가 아니라, 오늘 이 땅에서도 우는 자들의 눈물을 닦아 주고 그들도 함께 기쁨의 잔칫상에 둘러 앉아 천국의 잔치를 미리 맛보는 축제가 되도록 해야 합니다. 주님 부르시는 그날까지 사랑과 행복을 나누어 주는 일에 혼신의 힘을 다하여야 하겠습니다.

"이 세 사람 중에 누가 강도 만난 자의 이웃이 되겠느냐 이르되 자비를 베푼 자니이다 예수께서 이르시되 가서 너도 이와 같이 하라 하시니라"(눅 10:36-37).

2008년 7월

여의도순복음교회 원로목사
(재) 사랑과행복나눔 이사장

차례 Contents

머리말 · 5

사랑 나눔

하나님은 사랑이시다 (요일 4:7-12) · 13
하나님의 사랑 (고전 13:1-3) · 35
사랑할 수 있으면 해답이 보인다 (롬 5:3-8) · 59
사랑의 수고 (창 24:10-24) · 85
그래도 사랑해야지 (고전 13:4-7) · 111

행복 나눔

참으로 복된 삶의 비결 (눅 6:38) · 147
소박한 행복 (빌 4:4-7) · 171
행복한 생활의 조건 (갈 6:7-10) · 203
남에게 대접을 받고자 하면 (마 7:12) · 233

이제는 나눌 때

이제는 사랑과 행복을 나눌 때 (눅 10:25-37) · 267

사랑 나눔

하나님은 사랑이시다 (요일 4:7-12)
하나님의 사랑 (고전 13:1-3)
사랑할 수 있으면 해답이 보인다 (롬 5:3-8)
사랑의 수고 (창 24:10-24)
그래도 사랑해야지 (고전 13:4-7)

1 2008년 4월, '(재)사랑과행복나눔'의 '아름다운 집 만들기' 1호 준공 예배 장면
2 '(재)사랑과행복나눔'의 첫 수혜자 이교제 씨
3 '아름다운 집 만들기' 1호 준공 행사 장면

하나님은 사랑이시다

"사랑하는 자들아 우리가 서로 사랑하자 사랑은 하나님께 속한 것이니 사랑하는 자마다 하나님으로부터 나서 하나님을 알고 사랑하지 아니하는 자는 하나님을 알지 못하나니 이는 하나님은 사랑이심이라 하나님의 사랑이 우리에게 이렇게 나타난 바 되었으니 하나님이 자기의 독생자를 세상에 보내심은 그로 말미암아 우리를 살리려 하심이라 사랑은 여기 있으니 우리가 하나님을 사랑한 것이 아니요 하나님이 우리를 사랑하사 우리 죄를 속하기 위하여 화목 제물로 그 아들을 보내셨음이라 사랑하는 자들아 하나님이 이같이 우리를 사랑하셨은즉 우리도 서로 사랑하는 것이 마땅하도다 어느 때나 하나님을 본 사람이 없으되 만일 우리가 서로 사랑하면 하나님이 우리 안에 거하시고 그의 사랑이 우리 안에 온전히 이루어지느니라"(요일 4:7-12)

우리는 삶의 여정 속에서 언제나 하나님의 음성을 듣기 원하고 또한 하나님을 뵙기 원합니다. 예수님의 제자 빌립도 아버지를 보여 달라고 간청했습니다(요 14:8). 하나님은 영이십니다. 그렇기 때문에 요한복음 1장 18절에서는 "본래 하나님을 본 사람이 없으되 아버지 품속에 있는 독생하신 하나님이 나타내셨느니라"고 말씀하고 있습니다. 이처럼 하나님을 형상으로는 볼 수 없지만, 본문은 하나님의 실상인 사랑을 통해서 하나님께서 우리 가운데 거하신다고 말씀하고 있습니다. 즉, 사랑이 구체적으로 나타난 곳에 하나님께서 함께하십니다.

선교사이며 번역가였던 위클리 도우거 멜란드 부부가 브라질의 인디언 마을로 이주했을 때의 일입니다. 당시 원주민들은 말투가 거칠고 공격적이었습니다. 왜 그렇게 인디언들이 자신들에게 배타적인지를 알아보니 이들 부부가 오기 전에 다른 백인들이 와서 마을 사람들을 학대하고 물건을 약탈하였으며 집에 불을 지르는 만행을 저질렀던 것입니다. 멜란드 부부는 그들에게 사죄하는 마음으로 더욱 열심히 의료 봉사와 다른 여러 가지 방법으로 원주민들을 돕고 섬기기 시작했습니다.

그러던 어느 날 멜란드 선교사는 발에 상처가 나서 피가 엉켜 붙은 한 원주민 소년의 발을 씻겨 주다가 우연히 원주민들이 하는 말을 듣게 되었습니다. 그들은 "지금까지 우리들의 발을 씻겨 준 백인이 없었는데 저 사람은 보통 백인이 아니라 분명히 하늘로부터 온 사람일거야!"라고 말하고 있었습니다. 그날부터 멜란드 선교사가 인디언의 집에 갈 때면 인디언들은 '그가 온다.'는 말 대신에 "우리에게 보낸 하나님의 사람이 오신다. 저분은 하나님의 사람이다."라고 말했습니다.

멜란드 선교사 부부의 헌신적인 사랑 안에서 인디언들은 스스로 하나님을 발견한 것입니다. 멜란드 부부는 다른 백인과 다를 바 없는 사람이지만 약탈하고 방화하고 억압하는 백인이 아니라 그들을 사랑해 주는 백인, 그들 속에 하나님을 모실 수 있도록 겸손히 봉사하며 섬긴 백인이었습니다. 이러한 멜란드 부부의 사랑을 통해서 인디언들은 하나님을 발견하고, 그들이 전하는 예수 그리스도를 구주로 모시고 큰 변화의 체험을 얻게 되었습니다.

우리는 사랑 안에서 하나님을 볼 수 있습니다. 인간은 하나님의 형상과 모양으로 지음 받았고 하나님은 사랑이시기 때문에 하나님의 사랑을 받지 않고는 평안과 행복을 누릴 수가 없습니다. 사랑을 받고 사랑을 주는 곳에 하나님이 계십니다.

모든 사람은 하나님을 보기 원합니다. 환상으로나 꿈으로라도 보았으면 좋겠다는 마음을 가지고 있습니다. 그러나 하나님은 영이시므로 하나님을 본 사람은 없습니다. 형상으로는 볼 수 없으되 하나님의 실상인 사랑을 통해서 하나님을 만날 수 있습니다. 사랑이 구체적으로 표현되는 곳에 하나님이 계십니다. 하나님은 사랑이시기 때문입니다.

하나님의 모습은 사랑

사랑 안에 하나님이 계십니다. 미움이 있는 곳에는 하나님이 계시지 않습니다. 사랑은 하나님의 형상이라고 말씀하고 있습니다. 그래서 요한일서 4장 7절과 8절에 "사랑하는 자들아 우리가 서로 사랑하자 사랑은 하나님께 속한 것이니 사랑하는 자마다 하나님으로부터 나서 하나님을 알고 사랑하지 아니하는 자는 하나님을 알지 못하나니 이는 하나님은 사랑이심이라"고 말씀하고 있습니다. 하나님을 마음에 모신 사람은 그 사랑을 자연스럽게 실천할 수 있고, 하나님을 알지 못하는 사람은 진정한 사랑을 할 수 없습니다. 샘에 물이 고이면 바깥으로 그 샘물이 흘러나오듯, 마음속에 사랑을 품고 있으면 그 사랑이 밖으로 표현되는 것입니다.

'가난한 자들의 어머니'로 불리던 테레사(Teresa) 수녀는 1910년 건축업자이며 시의원인 아버지 슬하에서 태어나 18세에 수녀가 되었습니다. 이듬해 인도의 콜카타(옛 지명: 캘커타)로 건너가 수녀회에서 운영하는 고등학교에서 교사로 일하다가 나중에 그 학교의 교장 선생님까지 되었습니다. 그러나 몸이 허약했던 그녀는 결핵에 걸려 히말라야 산에서 요양을 하게 되었습니다. 그러던 어느 날 그녀는 기도 중에 하나님께로부터 사명을 받게 되었습니다. '가난한 사람들 가운데 더욱 가난한 사람들을 섬기며 일생을 보내라.'는 명령이었습니다. 테레사는 사명을 받고서 곧장 단돈 5루피만을 가지고 콜카타의 빈민

굴로 들어갔습니다. 그곳에서 테레사 수녀는 아이들을 가르치고 길거리에서 죽어가는 환자들을 데려다가 돌보았습니다. 결국 그녀는 그 공로를 인정받아 1979년에 노벨 평화상을 수상하게 되었습니다.

하지만 테레사 수녀는 가난과 질병으로 죽어가는 콜카타의 사람들을 생각하며 호화스러운 수상 축하연에 참석할 수 없었습니다. 그러자 주최측에서는 테레사 수녀를 배려하여 수상 축하연을 열지 않는 대신 그 비용을 가난한 사람들에게 쓴다는 조건으로 수상식에 그녀를 초청했습니다. 그곳에서 테레사 수녀는 "우리가 하는 말 자체가 중요하지 않습니다. 중요한 것은 우리를 통해서 말씀하시는 하나님이십니다."라고 말하며 하나님의 사랑을 행동으로 실천해야 한다는 것을 강조했습니다. 1974년 인터뷰에서 그녀는 "나는 모든 사람에게서 하나님을 봅니다. 내가 나병 환자의 상처를 씻어줄 때 나는 하나님 바로 그분을 돌보아 드리는 것 같은 느낌을 갖습니다."라고 했습니다. 1997년 9월 5일 세상을 떠나면서 그녀는 "가난한 이들이 절실히 바라는 것은 의식주가 아니라 따뜻한 사랑입니다."라는 유언을 남겼습니다. 그녀가 실천한 사랑의 삶 속에서 우리는 하나님을 볼 수 있습니다. 하나님의 속성은 사랑이기 때문

에 사랑을 통해서 하나님을 볼 수 있습니다.

'밀림의 성자'라고 불리는 알버트 슈바이처(Albert Schweitzer) 박사는 1875년 목회자 가정에서 태어나 풍족한 어린 시절을 보내고 대학에서 신학과 철학을 공부한 후 목사 겸 대학교수로 활동했습니다. 29세가 되던 해 그는 우연히 기숙사 책상 위에 놓인 잡지를 통해 아프리카인들의 비참한 생활상을 보고서 마음이 너무나 아팠습니다. '우리는 이곳에서 이렇게 안락한 생활을 하고 있는데 아프리카 사람들은 저렇게 비참한 삶을 살고 있으니 너무 불공평하다. 내가 가서 도와주어야겠다.'라고 다짐하며 아프리카 사람들을 돕겠다는 불타는 사명감을 갖게 되었습니다. 그 후 슈바이처는 의학을 공부하고 1913년에 아프리카로 떠났습니다. 아프리카에서도 가장 덥고 독사와 악어가 많기로 유명한 가봉의 '랑바레네'라는 곳에 병원을 설립하여 주민들을 치료하고 그들에게 하나님의 사랑을 전했습니다.

하루는 한 부인이 그를 찾아와서 "저는 정말 이해할 수 없어요. 훌륭한 의사이면서 위대한 학자인 당신 같은 사람이 왜 여기에 와서 이런 고생을 하고 있습니까?"라고 물었습니다. 그러자 슈바이처 박사는 빙그레 웃으면서 "저는 말로써 사람들을 감동시킬 만한 재주가 없습니다. 그들에게 사랑을 아무리 설명을 해도 설명할 도리가 없습니다. 그래서 행동으로 사랑을 실천하려고 이곳에 온 것입니다. 저는 사랑을 실천하면서 건강과 행복도 선물로 받았습니다."라고 말했습니다.

1924년 그가 노벨 평화상을 수상하게 되었을 때 많은 기자들이 그를 취재하기 위하여 그가 탄 기차에 올랐습니다. 기차의 VIP실에 가서 보니 슈바이처가 없었습니다. 1등 칸과 2등 칸에도 보이지 않았습니다. 혹시나 해서 가장 가난한 사람들이 탄다는 3등 칸에 갔더니 슈바이처 박사가 그곳에서 가난한 사람들을 진찰하고 그들을 치료해 주고 있었습니다. 이를 본 기자들이 놀라서 "박사님! 상을 받으러 가시면서까지 왜 이런 고생을 하십니까?"라고 물었습니다. 그러자 슈바이처는 "나는 지금까지 즐길 곳을 찾아서 살아온 것이 아니라 나를 필요로 하는 곳을 찾아다니며 살아왔습니다. 지금도 이 사람들은 나를 필요로 하기 때문에 나는 이 불쌍한 사람들이 타는 3등 칸에서 저들을 돕고 있는 것입니다."라고 말했습니다. 이처럼 수많은 아프리카인들은 슈바이처의 삶 속에 나타난 하나님을 볼 수 있었습니다.

스위스의 세계적인 교육학자인 페스탈로치(Johann Heinrich

Pestalozzi)는 "사람들이 서로 사랑 속에 있을 때 하나님이 가까이 오신다."고 말했습니다. 또한 러시아의 대 문호(文豪)인 톨스토이(Lev Nikolaevich Tolstoi)는 "이 세상에서 하나님을 본 사람은 한 명도 없다. 그러나 만일 우리가 서로 사랑한다면 하나님께서는 우리의 마음속에 머무실 것이다."라고 말했습니다.

하나님께서는 사랑을 통해서 천지와 만물을 지으셨고 지금도 사랑으로 우리들을 돌보십니다. 사랑이 있는 곳에 언제나 하나님이 계십니다. 우리가 이웃을 사랑으로 돌보고 섬겨 주는 그곳에 하나님이 계십니다. 사랑이 역사하는 바로 그곳에 언제나 하나님이 역사하신다는 것을 꼭 기억하시기 바랍니다.

십자가의 예수님을 통해 나타난 하나님의 참모습

예수님께서는 하나님의 아들이십니다. 그러나 그분은 사람으로 이 세상에 오셔서 죄인된 우리를 위해 십자가 위에서 죽기까지 우리를 향한 사랑을 몸소 실천해 주셨습니다. 예수님께서는 하나님께서 우리를 얼마나 사랑하고 계시는지 몸소 자기를 희생하심으로 우리에게 확실히 보여 주셨습니다. 그러므로 요한일서 4장 9절과 10절에서는 "하나님의 사랑이 우리에게 이렇게 나타난 바 되었으니 하나님이 자기의 독생자를 세상에 보내심은 그로 말미암아 우리를 살리려 하심이라 사랑은 여기 있으니 우리가 하나님을 사랑한 것이 아니요 하나님이 우리를 사랑하사 우리 죄를 속하기 위하여 화목 제물로 그 아들을 보내셨음이라"고 말씀하그 있습니다.

하나님의 사랑이 어떻게 나타났습니까? 하나님께서는 귀하신 독생자 예수 그리스도를 세상에 보내셨습니다. 예수님에게 우리의 죄와 더러움, 질병과 저주, 절망과 죽음을 다 짊어지게 하시고 십자가에 못 박혀 몸 찢고 피 흘리도록 내어 주시기까지 사랑하셨습니다. 하나님께서 우리를 사랑하시므로 독생자를 통해서 하나님의 지극한 사랑을 보여 주셨습니다. 그러므로 우리가 십자가를 바라볼 때 예수 그리스도의 형상만을 바라보는 것이 아니라, 십자가를 통해 우리에게 보여 주신 하나님의 놀라운 희생과 사랑을 보아야 합니다. 즉, 죄와 저주와 죽음 가운데 있는 우리들을 구원하시기 위해서 그 아들 예수 그리스도를 십자가에 못 박고 우리에게 새 생명을 주시는 하나님의

사랑을 느낄 수 있어야 합니다. 로마서 5장 8절에 "우리가 아직 죄인 되었을 때에 그리스도께서 우리를 위하여 죽으심으로 하나님께서 우리에 대한 자기의 사랑을 확증하셨느니라"고 말씀하신 것은 예수 그리스도로 하여금 십자가에 끝까지 매달리게 한 사실이 하나님의 사랑에 근거함을 나타내고 있습니다.

우리가 "하나님, 정말 나를 사랑하십니까?"라고 물을 때 하나님께서는 "십자가를 바라보라."고 말씀하십니다. 우리가 재차 "하나님, 정말 지금도 나를 사랑하고 계십니까?"라고 묻는다 해도 하나님은 "십자가를 바라보라."고 대답하실 것입니다. 많은 사람들이 "왜 하나님은 나를 버렸나요?", "왜 내가 병들고 슬프고 고통을 당해야만 하나요?", "하나님은 나를 사랑하지 않습니다."라고 항변합니다. 하지만 이 질문들에 대한 하나님의 유일한 대답은 "십자가를 바라보라." 입니다.

그러므로 우리는 십자가를 바라보며 담대하게 말할 수 있습니다. "누가 우리를 그리스도의 사랑에서 끊으리요 환난이나 곤고나 박해나 기근이나 적신이나 위험이나 칼이랴 기록된 바 우리가 종일 주를 위하여 죽임을 당하게 되며 도살당할 양 같이 여김을 받았나이다 함과 같으니라 그러나 이 모든 일에 우리를 사랑하시는 이로 말미암아 우리가 넉넉히 이기느니라 내가 확신하노니 사망이나 생명이나 천사들이나 권세자들이나 현재 일이나 장래 일이나 능력이나 높음이나 깊음이나 다른 어떤 피조물이라도 우리를 우리 주 그리스도 예수 안에 있는 하나님의 사랑에서 끊을 수 없으리라"(롬 8:35-39).

예수님은 하나님의 아들로서 능히 그를 못 박고 조롱하는 사람들에게 원수를 갚을 수 있었음에도 불구하고 원수 갚는 것을 포기하셨습니다. 오히려 그들을 불쌍히 여기시고 용서하시고 사랑하셨습니다. 주님의 그 끝없는 사랑에 우리는 감격하지 않을 수 없습니다.

미국의 유명한 심리학자인 아치볼드 하트(Archibald D. Hart)는 "용서는 나를 해친 사람에게 내가 원수 갚을 수 있는 권리를 포기하는 것이다."라고 말했습니다. 우리가 분명히 원수를 갚을 수 있는 능력이 있음에도 그 권리를 포기하는 것이 진정한 용서입니다. 누가복음 23장 34절을 보면 "예수께서 이르시되 아버지 저들을 사하여 주옵소서 자기들이 하는 것을 알지 못함이니이다"라고 말씀하고 있습니다. 우리는 원수를 미워할 수밖에 없는 연약한 존재입니다. 원수가 잘못되고 심판받으며 불행을 당했으면 좋겠다는 생각을 하는 경우도 있습니다. 그럴 때마다 예수 그리스도의 십자가를 바라보면 우리의 부족함을

깨닫게 됩니다. 우리는 스스로 용서할 수 있을 만큼 아량이 넓지 않습니다. 하지만 예수님을 바라볼 때 용서하지 않을 수가 없습니다. 예수 그리스도를 믿는 사람들은 이미 용서받은 의인으로서 용서하기 위해서 다시 태어난 사람들입니다. 용서는 예수 그리스도를 믿는 사람들의 의무이며 운명입니다. 여러분, 십자가를 바라보면서 대가 없이 용서하며 사시길 예수님의 이름으로 간절히 축원합니다.

거울이 햇빛을 받으면 그 빛을 반사하게 됩니다. 반사하지 못하는 거울은 이미 거울이 아닙니다. 예수 그리스도를 믿는 우리들은 십자가 보혈의 공로로 용서를 받았기 때문에 용서를 베풀어야만 합니다. 남편과 아내, 부모와 자녀 간에도 마찬가지입니다. 우리를 향한 예수 그리스도의 희생을 기억하면서 우리는 가족과 이웃과 원수까지도 사랑으로 품고 용서해야만 합니다. 우리는 용서의 자리에서 하나님께서 주시는 참기쁨과 행복을 만끽하며 풍성한 예수 그리스도의 사랑을 경험할 수 있습니다.

하나님이 주시는 사랑의 속성

요한일서 4장 11절과 12절을 보면 "사랑하는 자들아 하나님이 이같이 우리를 사랑하셨은즉 우리도 서로 사랑하는 것이 마땅하도다 어느 때나 하나님을 본 사람이 없으되 만일 우리가 서로 사랑하면 하나님이 우리 안에 거하시고 그의 사랑이 우리 안에 온전히 이루어지느니라"고 말씀합니다. 이렇듯 하나님의 사랑이 우리 안에 오면 사랑은 자연스럽게 살아서 역사하게 됩니다.

하나님의 사랑은 첫째로, 죄와 허물을 덮어 주고 용서해 주는 속성이 있습니다. 시편 103편 13절에 "아버지가 자식을 긍휼히 여김같이 야훼께서는 자기를 경외하는 자를 긍휼히 여기시나니"라고 말씀하고 있는 것처럼 하나님께서는 우리를 불쌍히 여기셔서 한없는 사랑으로 죄와 허물을 덮어 주십니다. 아담의 죄로 영원히 죽을 수밖에 없는 우리를 위해서 하나님의 아들 예수 그리스도를 보내셔서 십자가에 몸 찢고 피 흘려서 우리의 모든 죄를 대속하시고 의로운 옷을 우리에게 입혀 주십니다.

잠언 10장 12절은 "미움은 다툼을 일으켜도 사랑은 모든 허물을 가리느니라"고 말씀하고 있으며, 베드로전서 4장 8절 역시 "무엇보다도 뜨겁게 서로 사랑할지니 사랑은 허다한 죄를 덮느니라"고 말씀하고 있습니다. 이처럼 사랑은 모든 죄와 허물을 덮어 줍니다.

예수님을 믿는다고 하면서 이웃에게 악을 행하고 이웃의 약점과 허물을 들춰내고 생활하면서도 스스로 '나는 예수를 믿는다. 나는 하나님의 자녀이다. 내가 제일이다.' 라고 생각하는 사람은 엄청난 착각과 오해 속에서 사는 사람입니다. 하나님의 자녀는 하나님의 속성을 닮아 갑니다. 하나님의 자녀는 이웃에게 악을 행하고 약점과 허물을 드러내지 않습니다. 그러므로 온유한 마음으로 이웃을 감싸고 사랑하고 덮어 주는 사람은 하나님의 참자녀요, 하나님의 사랑의 역사를 이루어가는 사명자입니다.

하나님께서는 확대경을 가지고 계십니다. 본래 확대경은 두 가지 상반된 기능을 가지고 있습니다. 한쪽으로 보면 실물보다 더 멀리 그리고 더 작게 보이고, 다른 한쪽으로 보면 실물이 아주 가까이 그리고 더 크게 보입니다. 하나님께서는 우리의 약점과 단점을 멀리 보시고 작게 보십니다. 그러나 장점은 크게 확대해서 보시고 가까이에서 자세히 보십니다. 하나님께서 죄인이었던 우리를 사랑하시고, 간절히 부르짖는 기도에 응답해 주시고, 한없는 은혜를 부어 주시는 이유는 사랑의 확대경을 들고 우리의 장점만 보시려고 하기 때문입니다.

갈라디아서 5장 1절에서 "그리스도께서 우리를 자유롭게 하려고 자유를 주셨으니 그러므로 굳건하게 서서 다시는 종의 멍에를 메지 말라"고 말씀하고 있듯이 하나님의 사랑은 우리에게 자유를 주십니다. 하나님께서는 우리가 죄의 종이 되지 않기를 원하시고, 질병에 묶여서 평생을 고통 속에서 살기를 원하지 아니하십니다. 또한 우리가 가난과 저주에 묶여서 살기를 원하지 아니하시며, 사망의 권세에 묶여서 영원히 마귀의 종노릇하기를 원하지 아니하십니다. 그러므로 갈라디아서 5장 13절에서는 "형제들아 너희가 자유를 위하여 부르심을 입었으나 그러나 그 자유로 육체의 기회를 삼지 말고 오직 사랑으로 서로 종노릇하라"고 말씀하고 있으며, 요한복음 8장 32절에서는 "진리를 알지니 진리가 너희를 자유롭게 하리라"고 말씀하고 있습니다. 하나님의 사랑은 우리의 모든 죄의 결박을 끊고 자유와 해방을 주십니다. 우리의 영혼이 잘됨같이 범사에 잘되며 강건하고 생명을 얻되 풍성하게 얻도록 자유를 주십니다.

이처럼 하나님께서 주시는 사랑은 우리를 용서하고 자유하게 하는 속성을 가지고 있습니다.

둘째로, 하나님께서 주시는 사랑의 속성은 '치료'입니다. 출애굽기 15장 26절을 보면 "이르시되 너희가 너희 하나님 나 야훼의 말을 들어 순종하고 내가 보기에 의를 행하며 내 계명에 귀를 기울이며 내 모든 규례를 지키면 내가 애굽 사람에게 내린 모든 질병 중 하나도 너희에게 내리지 아니하리니 나는 너희를 치료하는 야훼임이라"고 말씀하고 있습니다. 하나님의 아들 예수 그리스도를 통해서 하나님의 사랑이 나타났는데 예수님께서 이 땅에 오셔서 하신 사역의 3분의 2는 귀신을 쫓아내고 병을 고치는 일이었습니다. 마가복음 16장 17절과 18절을 보면 "믿는 자들에게는 이런 표적이 따르리니 곧 그들이 내 이름으로 귀신을 쫓아내며 새 방언을 말하며 뱀을 집어 올리며 무슨 독을 마실지라도 해를 받지 아니하며 병든 사람에게 손을 얹은즉 나으리라 하시더라"고 말씀하십니다. 주님은 병든 자를 치료하기를 원하십니다.

스페인 바르셀로나 출신의 호세 카레라스(Jose Carreras)는 루치아노 파바로티(Luciano Pavarotti), 플라시도 도밍고(Placido Domingo)와 함께 전 세계가 알아주는 3대 성악가 중 한 사람입니다. '은빛 테너'라고 불리는 그는 한때 불치의 병을 앓았던 적이 있습니다. 성악가로서 명성이 최고조에 달했던 1987년 그의 나이 41세 되던 해에 오페라 '라보엠'의 주연을 맡아서 한참 연습하다가 쓰러져 병원에 실려 가게 되었는데 진찰해 보니 치명적인 백혈병에 걸려 있었습니다. 의사는 고개를 흔들면서 치료될 가능성이 없다고 했습니다. '이제 꼼짝없이 죽는구나.'라는 생각이 들자 그는 문득 성경 말씀이 기억났습니다.

그는 그동안 성경은 읽지도 않았고 그저 형식적으로 예배에 참석해서 하나님의 말씀을 들었지만, 고통 가운데 처하게 되자 "나는 너희를 치료하는 야훼임이라"(출 15:26)는 말씀이 떠올랐습니다. 모든 의사들이 치료할 수 없다고 포기한 그때, 하나님께서는 그에게 치료에 대한 소망을 말씀으로 부어 주셨던 것입니다. 그래서 그는 하나님께 기도를 드렸습니다. "사랑의 하나님, 제 생명을 조금만 더 연장시켜 주신다면 남은 생애는 주님을 위해서 살겠습니다." 이때부터 그는 하나님을 의지하며 투병 생활을 시작했습니다. 머리카락과 손톱, 발톱이 빠지는 상황에서도 그는 찬송과 기도를 멈추지 않았습니다. 매우 고통스럽고 힘든 골수이식 수술과 약물 치료도 믿음으로 잘 견디어 내어 마침내 하나님의 은혜로 백혈병이 치유되었습니다. 카레라스는 자신이 다시 살게 된 것은 전적으로 하나님의 은혜라고 고백하면서 그의 전 재산을 팔아 바르셀로나에 '호세 카레라스 백혈병 재단'을 세웠고 미국과 독일, 스위스 등에도 지사를 두어 백혈병 환자들에게 하나님의 사랑을 전달하고 그들에게 치료의 소망을 전하는 선한 일을 하고 있습니다.

지금도 그는 이렇게 고백합니다. "때로는 질병도 은혜가 될 때가 있습니다. 나는 백혈병과의 싸움을 통해 나보다 남을 생각할 줄 아는 사람으로 변화되었습니다. 이제 나는 단순히 노래만 부르지 않습니다. 나의 생명을 연장시켜 주신 하나님께 감사하며, 살아 있는 동안에 하나님께서 주신 물질을 가지고서 이웃을 사랑하고 섬기는 곳에 쓸 것입니다." 이와 같이 하나님의 사랑은 우리의 심신을 치료하실 뿐 아니라 모든 것을 합력하여 선을 이루게 하십니다(롬 8:28).

셋째로, 하나님께서 주시는 사랑의 속성은 '용기와 희망과 복'입니다. 하나님께서는 낙심한 자에게 용기를 주고, 절망한 자에게 희망을 주고, 복 주시기를 원하십니다. 하나님께서 복의 근원이 되시기 때문입니다. 또한 하나님께서는 실패한 적이 없는 성공의 근원이십니다. 이런 하나님께 나아가서 복을 받지 못한다면 누구에게 복을 받을 수 있겠습니까? 우리가 하나님의 나라와 의를 먼저 구하며 하나님을 잘 섬기고 살면 당당히 하나님께 복을 구하고 복을 받을 수 있습니다. 그러므로 예레미야 29장 11절에서는 "야훼의 말씀이니라 너희를 향한 나의 생각을 내가 아나니 평안이요 재앙이 아니니라 너희에게 미래와 희망을 주는 것이니라"고 말씀하고 있습니다. 우리를 향한 하나님의 생각, 즉 마음은 절망과 재앙이 아니라 평안과 희망으로 가득 차 있습니다.

1930년대 초, 미국은 심각한 경제 대공황을 겪었습니다. 당시 클레어린스 목사는 공장이 밀집된 지역의 한 흑인 교회에서 설교를 하게 되었습니다. 그곳을 방문해 보니 교회의 신자들은 대부분 극빈자들이었으며 60% 이상이 실직하여 생활이 극도로 힘든 상태였습니다. 그런데도 그들이 예배 중에 부르는 찬송은 힘과 희망이 넘쳤고, 그들의 표정에서 절망의 흔적은 찾아볼 수 없었습니다. 너무나 이상하게 여긴 클레어린스 목사는 설교 도중에 교인들에게 "지금 미국은 대공황입니다. 도무지 희망이 없어 보이고 실업자는 계속 증가하고 있어요. 그런데 여러분은 뭐가 그렇게 즐거워서 박수를 치고 얼굴에 환한 빛을 발하면서 찬송을 부르십니까?"라고 물었습니다. 그때 한 교인

이 자리에서 벌떡 일어나 밝은 표정으로 대답했습니다. "목사님! 우리는 지금 예수 그리스도를 노래하고 있습니다. 예수 그리스도께서 우리와 함께 계신다는 사실이 최고의 희망이고 즐거움입니다."

정말 놀라운 고백이 아닐 수 없습니다. 비록 가진 것 없는 빈궁하고 절망적인 상황과 극심한 고통 가운데 있을지라도 예수님께서 우리를 외면하지 않으시고 항상 우리와 함께하신다면 이것만으로도 큰 희망과 즐거움이 됩니다. 이처럼 좋으신 하나님의 사랑은 우리가 감당할 수 없는 좌절과 고통과 질병과 절망의 상황에 처해 있을지라도 용기와 위로와 치료와 희망을 주시고 한없는 축복을 허락해 주십니다.

우리는 사랑이신 하나님의 형상과 모양으로 지음을 받았습니다. 그리고 우리는 하나님의 사랑을 받지 않고서는 결코 평안과 행복을 누릴 수가 없습니다. 왜냐하면 하나님의 본질인 사랑이 우리 속에 들어올 때 우리가 비로소 행복한 삶을 누릴 수 있고 평안 가운데 살 수 있기 때문입니다. 그러나 미움은 마귀의 속성이기 때문에 미움이 들어오면 우리 마음에 불안과 공포, 좌절과 절망이 자리를 잡게 됩니다. 미움이 가져오는 파괴적 행동은 너무나 비참한 결과를 낳게 됩니다. 그러므로 우리가 참된 기쁨과 평안과 행복을 풍성히 누리기 위해서는 하나님을 우리 모두의 마음 중심에 모셔 들이고 의지하며 살아가야 합니다. 왜냐하면 하나님의 본질은 사랑이시기 때문입니다.

사랑을 받고 사랑을 주는 곳에 하나님께서 함께하신다는 사실을 잊지 마시기 바랍니다. 사도 바울은 고린도전서 13장 13절을 통해 "그런즉 믿음, 소망, 사랑, 이 세 가지는 항상 있을 것인데 그 중의 제일은 사랑이라"고 말씀하면서 사랑의 중요성을 강조하고 있습니다. 우리는 예수 그리스도를 구주로 모시고 하나님을 아버지로 모시고 사는 사람들입니다. 그러므로 우리의 마음속에 좋으신 하나님의 넘치는 사랑으로 채워서 그 사랑을 세상을 향해 풍성하게 나누는 사람이 되어야 할 것입니다. 성령님을 인정하고 환영하고 모셔 들이고 의지하며 하나님의 놀라운 사랑을 이웃에게 널리 전하고 나누며 살아가는 주님의 자녀들이 되시기를 예수님의 이름으로 축원합니다.

하나님의 사랑

"내가 사람의 방언과 천사의 말을 할지라도 사랑이 없으면 소리 나는 구리와 울리는 꽹과리가 되고 내가 예언하는 능력이 있어 모든 비밀과 모든 지식을 알고 또 산을 옮길 만한 모든 믿음이 있을지라도 사랑이 없으면 내가 아무것도 아니요 내가 내게 있는 모든 것으로 구제하고 또 내 몸을 불사르게 내줄지라도 사랑이 없으면 내게 아무 유익이 없느니라"(고전 13:1-3)

인간은 모두 삶의 의미와 가치와 목적을 추구하고 그 결과로 참기쁨과 행복을 누리려고 노력하고 있습니다. 역사적으로 삶의 의미를 발견하고 인생의 목표를 달성한 것처럼 보이는 사람들이 진정한 기쁨과 행복을 얻지 못하고 절망적인 삶을 살게 되는 이유는 삶의 기쁨과 행복의 핵심 요소인 사랑이 결핍되었기 때문입니다. 모든 외면적인 환경이 완벽하다 할지라도 내면적으로 사랑이 부재하다면 결코 행복을 누릴 수 없습니다.

사랑이 없는 성취는 무의미하다

사랑이 없는 성취는 아무 의미가 없습니다. 고린도전서 13장 1절부터 3절까지를 보면 "내가 사람의 방언과 천사의 말을 할지라도 사랑이 없으면 소리 나는 구리와 울리는 꽹과리가 되고 내가 예언하는 능력이 있어 모든 비밀과 모든 지식을 알고 또 산을 옮길 만한 모든 믿음이 있을지라도 사랑이 없으면 내가 아무것도 아니요 내가 내게 있는 모든 것으로 구제하고 또 내 몸을 불사르게 내줄지라도 사랑이 없으면 내게 아무 유익이 없느니라"고 말씀하고 있습니다.

사람의 방언과 천사의 말을 할 수 있다는 것은 놀라운 축복입니다. 성경은 사람의 방언을 많이 말하는 것을 자랑할 만한 것으로 인정하고 있습니다(고전 14:18). 그렇지만 사람의 방언과 천사의 말을 하여도 사랑이 없으면 이 모든 것이 소리 나는 구리와 울리는 꽹과리에 불과합니다. 사랑이 있어야 많은 나라 방언을 말하는 것도 자랑이 되고, 천사처럼 말할 수 있는 것도 큰 기쁨이 됩니다.

또한 "내가 예언하는 능력이 있어 모든 비밀과 모든 지식을 알고 또 산을 옮길 만한 모든 믿음이 있을지라도 사랑이 없으면 내가 아무것도 아니요"(고전 13:2)라는 말씀에서 '예언하는 능력'은 정치, 경제, 군사, 교육, 문화 등의 모든 분야에서 미래에 일어날 상황을 미리 예측할 수 있는 것을 말합니다. 마찬가지로 산을 옮길 만한 믿음과 불가능을 가능하게 하는 것도 놀라운 능력입니다. 그러나 성경은 예언하는 능력을 가진 사람, 산을 옮길 만한 믿음을 가진 사람이라도 사랑이 없으면 그 자체가 아무것도 아니라고 말씀하고 있습니다. 사람의 눈에는 가치 있게 보이지만 하나님께서 보시기에 사랑이 없이 행하는 모든 것들은 전혀 가치가 없습니다.

그리고 고린도전서 13장 3절에서는 "내가 내게 있는 모든 것으로 구제하고 또 내 몸을 불사르게 내줄지라도 사랑이 없으면 내게 아무 유익이 없느니라"고 말씀하고 있습니다. 오늘날 많은 교회와 사회단체를 통해 구제 활동이 이루어지고 있지만, 사랑이 없이 형식적으로 이루어지고 있는 구제는 값싼 동정에 불과하며 결과적으로 아무 유익이 없습니다.

어거스틴(Aurelius Augustinus)은 사랑과 그리스도인의 관계에 대해 "사랑만이 하나님의 자녀와 마귀의 자녀를 구분한다. 그들은 함께 그리스도의 십자가의 표를 몸에 지니고, 함께

아멘하고, 함께 "할렐루야!" 노래하며, 함께 침례를 받고, 함께 교회에 다니지만 하나님의 자녀와 마귀의 자녀를 구분하는 것은 사랑밖에 없다."라고 말했습니다. 그렇습니다. 사랑이 핵심입니다. 사랑이 없으면 사람의 방언을 하고 천사의 말을 할지라도 소리 나는 구리와 울리는 꽹과리에 불과합니다. 예언하는 능력이 있어 모든 지식을 알고 산을 옮길 만한 믿음이 있어도 사랑이 없으면 아무것도 아닙니다. 내게 있는 모든 것으로 구제하고 몸을 불사르는 곳에 내어 던질지라도 사랑이 없으면 내게 아무 유익이 없습니다. 하나님 앞에서는 오직 사랑만이 의미가 있습니다. 그러므로 사랑이 없는 능력과 믿음은 아무것도 아닙니다.

내게 사랑이 있으면

우리에게 사랑이 있다면 사랑하는 이 앞에서는 그 진실함이 나타납니다. 이러한 사랑의 있고 없음을 알려 주는 리트머스지가 바로 고린도전서 13장에 기록되어 있는 말씀입니다. 성경은 "사랑은 오래 참고 사랑은 온유하며 시기하지 아니하며 사랑은 자랑하지 아니하며 교만하지 아니하며"(고전 13:4)라고 말씀하고 있습니다.

부모는 자식에 대해서 오래 참습니다. 진자리, 마른자리 갈아 누이고 손발이 다 닳도록 돌보아 주고 철없는 행동에 대해 오래 참고 견디는 기다림을 통해서 우리는 부모의 사랑을 발견하게 됩니다. 이처럼 사랑과 인내는 언제나 함께하는 것입니다. 부부간에도 사랑과 인내는 동일하게 작용합니다. 남편이 아내를 사랑하고 아내가 남편을 사랑한다면, 오래 참고 이해하는 노력이 필요합니다. 참지 못하고 이해하지 못하고 화를 버럭 내는 것은 사랑이 부족하기 때문입니다. 사랑과 인내는 언제나 함께하는 것이기 대문에 우리에게 사랑이 있으면 이해하고 동정하며 오래 참습니다.

히브리서 12장 3절에 "너희가 피곤하여 낙심하지 않기 위하여 죄인들이 이같이 자기에게 거역한 일을 참으신 이를 생각하라"고 말씀하신 것처럼 하나님은 우리를 사랑하시기 때문에 죄인들의 거역함을 오래오래 참으시는 것입니다. 따라서 우리는 야고보서 5장 7절에서 "그러므로 형제들아 주께서 강림하시기까지 길이 참으라 보라 농부가 땅에서 나는 귀한 열매를 바라고 길이 참아 이른 비와 늦은 비를 기다리나니"라고 말씀

한 것처럼 우리의 이웃을 향해 사랑의 마음을 가지고 오래 참고 이해해야 합니다.

사랑하면 온유해집니다. 부모의 자식을 향한 마음과 부부가 서로 따뜻하고 부드럽게 대해 주는 것은 사랑을 통해서 나오는 온유함 때문입니다. 에베소서 4장 2절은 "모든 겸손과 온유로 하고 오래 참음으로 사랑 가운데서 서로 용납하고"라고 말하고 있습니다. 예수님께서도 성경을 통해 "나는 마음이 온유하고 겸손하니"(마 11:29)라고 말씀하셨는데, 이는 예수님께서 우리를 사랑하시기 때문에 온유하고 겸손하며 항상 부드럽고 따뜻한 마음을 가지고 계신다는 것을 의미합니다.

사랑은 투기하지 않습니다. '사촌이 땅을 사면 배가 아프다.'는 속담이 있습니다. 세상에서는 내 이웃이 잘되면 시기하고 온갖 중상모략을 통해 짓밟으려고 합니다. 이는 그들의 마음속에 사랑이 없기 때문입니다. 따라서 잠언 17장 9절에서 "허물을 덮어 주는 자는 사랑을 구하는 자요 그것을 거듭 말하는 자는 친한 벗을 이간하는 자니라"고 말씀하고 있습니다.

사랑은 자랑하지 않습니다. 자기를 자랑하는 것은 타인에게 열등의식과 좌절감을 가져다주기도 합니다.

저는 자랑에 대한 주제를 이야기할 때마다 이혼 문제 때문에 상담을 받으러 왔던 30대 초반의 한 부부의 일이 늘 기억이 납니다. 신랑은 부유한 어느 재벌의 아들이고 신부는 가난한 집안에 태어나서 고학으로 대학을 졸업하고 직장에 다니다가 지금의 남편을 만나서 결혼을 했습니다. 서로가 사회적 계층이 다르고 자라온 환경이 너무나 달랐기 때문에 그들의 대화는 평행선을 그리게 되었고, 서로를 이해하기보다는 많은 오해와 갈등만이 생기게 되었습니다. 남편이 모처럼 아내와 함께 고급 레스토랑에 가서 식사하면서 "여보, 옛날에 이런 음식들 못 먹어 봤지? 많이 먹어."라고 의미 없이 건네는 말 때문에 큰 상처를 받아서 자존심이 상할 대로 상한 아내는 식사를 멈추고 일어나서 남편을 향해 "그래, 못 먹어 봤다! 돈 많은 너는 비싼 밥 자주 먹어 봐서 좋겠다!"라고 대노하면서 부부간의 갈등이 더욱 심화되었습니다.

사실 남편은 아내를 위하는 마음을 가지고 있었습니다. 하지만 그가 자랑삼아 무심코 내뱉는 습관적인 말 때문에 아내는 과도한 스트레스와 함께 열등의식과 좌절감을 가지고 살 수밖에 없었고 결국 이혼을 결심하게 되었습니다. 잠언 27장 1절에서는 "너는 내일 일을 자랑하지 말라 하루 동안에 무슨 일이 일어날는지 네가 알 수 없음이니라"고 말씀하고 있고, 야고보서

4장 16절에서는 "이제도 너희가 허탄한 자랑을 하니 그러한 자랑은 다 악한 것이라"고 말씀하고 있습니다. 우리는 자랑할 것이 아무것도 없습니다. 자랑하는 자는 오직 주 안에서만 자랑해야 합니다.

사랑은 교만하지 않습니다. 사랑은 자기를 낮추고 언제나 상대방을 세워 줍니다. 빌립보서 2장 3절은 "아무 일에든지 다툼이나 허영으로 하지 말고 오직 겸손한 마음으로 각각 자기보다 남을 낫게 여기고"라고 말씀하고 있습니다. 사랑이 있는 곳에는 항상 겸손함이 있습니다.

사랑이 있으면 무례히 행하지 않습니다. 사랑의 마음을 가지고 있는 사람의 언어, 심사, 행동은 언제나 예의 바른 모습입니다. 잠언 14장 21절에 "이웃을 업신여기는 자는 죄를 범하는 자요 빈곤한 자를 불쌍히 여기는 자는 복이 있는 자니라"고 말씀하고 있는 것처럼, 사랑을 소유한 사람은 이웃을 업신여기지 않고 언제나 예의 바르게 행동합니다.

사랑은 자기의 유익을 구하지 않습니다.

제가 서대문에 있을 때 주의 종을 모집하는 광고를 한 적이 있습니다. 어느 날 주의 종으로 섬기기를 원한다고 한 사람이 지원서를 가지고 왔습니다. 면접 도중에 그 사람에게 제가 한 가지 질문을 했습니다. "주의 종으로 섬기다 보면 물질적으로 많은 어려움을 겪기도 합니다. 처자는 어떻게 부양하실 것입니까?"라고 말하자 그 사람은 기다렸다는 듯이 호탕하게 웃으며 "주님을 위해서 가족들을 분토와 같이 버렸습니다."라고 자신 있게 대답을 하였습니다.

여러분, 이 얼마나 황당한 말입니까? 이 사람은 자기 신념과 유익을 위해서 사랑하는 처자를 분토와 같이 버린 것입니다. "누구든지 자기 친족 특히 자기 가족을 돌보지 아니하면 믿음을 배반한 자요 불신자보다 더 악한 자니라"(딤전 5:8)고 성경은 말씀하고 있습니다. 사랑하는 가족들은 자신의 목숨을 바쳐서 돌봐야 합니다. 그러한 책임감이 곧 사랑입니다. 가장 가까운 사람에게 사랑을 베풀지 않는 사람이 멀리 있는 사람에게 사랑을 베풀 수는 없습니다.

그러므로 자기의 유익만을 구하는 것은 사랑의 삶이 아닙니다. 자기를 희생해서 가족과 이웃과 국가를 위해 섬기고 돌보는 것이 사랑입니다. 남을 잘되게 하는 것은 쉬운 일이 아니지만 그것은 결국 먼 훗날 자기 자신에게 큰 유익이 된다는 것을 알아야 합니다. 왜냐하면 주님께서 누가복음 6장 38절을 통해 "주라 그리하면 너희에게 줄 것이니 곧 후히 되어 누르고 흔

들어 넘치도록 하여 너희에게 안겨 주리라 너희가 헤아리는 그 헤아림으로 너희도 헤아림을 도로 받을 것이니라"고 말씀하셨기 때문입니다. 고린도전서 10장 33절에 "나와 같이 모든 일에 모든 사람을 기쁘게 하여 자신의 유익을 구하지 아니하고 많은 사람의 유익을 구하여 그들로 구원을 받게 하라"는 말씀과 같이, 모든 사람들을 기쁘게 하고 그들의 유익을 구할 때 하나님의 사랑이 나타납니다.

독일의 위대한 철학자 칼 야스퍼스(Karl Theodor Jaspers)가 대학에 다니고 있을 때 캠퍼스를 거닐다가 한 유태인 여학생을 보고 첫눈에 반해서 사랑에 빠졌습니다. 얼마 지나지 않아서 야스퍼스는 그녀에게 프로포즈를 하고 결혼을 하게 되었습니다. 수재로 알려졌던 그는 대학을 졸업한 후에 철학과 교수가 되어 많은 사람들에게 선망의 대상이 되었고 아름다운 가정도 이루었습니다.

그러나 얼마 후 독일에 히틀러 정권이 들어서면서 그의 가정도 위기를 맞았습니다. 새 정권은 유태인에 대한 박해를 시작하면서 "유태인 아내와 이혼을 하든지, 그렇지 않으면 대학을 떠나든지 둘 중에 하나를 택하라!"고 강요했습니다. 그는 참으로 곤혹스러웠습니다. 대학의 교수가 된 것은 자신뿐 아니라

가문의 영광이었고, 아름다운 아내를 만난 것도 자기 인생에 있어서 최대의 행복이었기 때문입니다. 오랜 고민 끝에 야스퍼스는 사랑하는 아내를 위해서 교수직을 포기했습니다. 그러자 국가에서는 유태인 아내를 두었다는 이유로 그의 저술 활동, 강연, 여행 모두를 금지하고 통제했습니다. 야스퍼스는 이러한 상황 속에서도 아내를 원망하지 않았습니다. 오히려 아내를 위로하고 격려했습니다. 야스퍼스가 교수라는 명예를 포기하고 모든 불이익을 감수했던 이유는 바로 아내를 사랑했기 때문입니다. 이처럼 진정한 사랑은 자기의 유익보다는 상대방의 유익을 먼저 구하는 것입니다.

사랑은 성내지 않습니다. 즉, 화를 내지 않고 인내하고 용서하게 됩니다. 화를 내면 상대방에게 상처를 입힐 뿐만 아니라 자기의 자존심도 상하게 만듭니다. 심성이 점잖고 사람 됨됨이가 올바른 사람은 좀처럼 화를 내지 않습니다. 반면에 경솔한 사람은 화를 잘 냅니다. 화를 내고 난 다음에는 대부분 후회하게 됩니다. 결국 화를 내는 것은 백해무익한 행동이며 하나님의 영광을 이루지 못하고 의를 이루지 못합니다.

그러므로 성경은 "노하기를 더디 하는 자는 용사보다 낫고 자기의 마음을 다스리는 자는 성을 빼앗는 자보다 나으니라"

(잠 16:32), "내 사랑하는 형제들아 너희가 알지니 사람마다 듣기는 속히 하고 말하기는 더디 하며 성내기도 더디 하라 사람이 성내는 것이 하나님의 의를 이루지 못함이라"(약 1:19-20)고 말씀하는 것입니다.

인생을 살면서 화를 내지 않을 수는 없습니다. 저는 젊었을 때 화를 잘 냈습니다. 화를 잘 내기로 유명했습니다. 이로 인해 많은 사람에게 상처를 주었습니다. 하지만 저 역시 화를 내고 난 다음에는 굉장한 자괴감을 느꼈습니다. 그래서 늘 하나님의 말씀을 통해 깨닫고 회개하면서 혈기를 부리는 자신을 쳐서 복종시켰습니다. 화가 치밀어 오를 때마다 '화를 내는 것이 하나님의 의를 이루지 못한다!' 고 마음속에 다짐을 하면서 화를 가라앉히곤 했습니다.

여러분, 화를 내는 것은 사발에 담긴 물을 엎는 것과 같습니다. 한번 화를 내면 나중에 주워 담고 싶어도 담을 수가 없는 것입니다. 사랑하면 성내지 않습니다. 사랑의 마음으로 인내하고 이해하고 양보하고 절제하면 모든 것이 용서가 됩니다.

사랑은 악한 것을 생각하지 않습니다. 악은 우리들에게 고통과 괴로움을 줍니다. 우리에게 가족과 이웃을 고통스럽게 하고 괴롭게 하는 마음이 있다면 그것은 사랑에서 나오는 것이 아닙니다. 사랑하는데 왜 가족과 이웃에게 고통과 괴로움을 주겠습니까? 그것은 미움에서 나온 것임을 알아야 합니다. 그러므로 베드로전서 3장 9절은 "악을 악으로, 욕을 욕으로 갚지 말고 도리어 복을 빌라 이를 위하여 너희가 부르심을 받았으니 이는 복을 이어받게 하려 하심이라"고 말씀하였고, 야고보서 1장 21절은 "그러므로 모든 더러운 것과 넘치는 악을 내버리고 너희 영혼을 능히 구원할바 마음에 심어진 말씀을 온유함으로 받으라"고 말씀하고 있습니다.

또한 우리의 마음속에 사랑이 있으면 불의를 기뻐하지 않습니다. '불의'란 바르지 않은 삶의 길을 말합니다. 요한일서 3장 4절은 "죄를 짓는 자마다 불법을 행하나니 죄는 불법이라"고 말씀하고 있습니다. 우리가 하나님의 사랑을 마음속에 품고 있다면 정의롭고 바른 길을 걷지 않을 수 없습니다. 사랑은 옳은 길을 가고자 하는 마음이며 정직한 삶을 살기를 소망하는 것입니다.

사랑은 진리를 기뻐합니다. 여러분, 진리는 무엇입니까? 진리는 바로 예수님입니다. 하나님께서 부어 주시는 놀라운 사랑이 있으면 예수님을 기뻐하고 사랑하게 되는 것입니다. 그러므로 예수님을 사랑하는 것은 진리를 사랑하고 기뻐하는 것입니

다. 에베소서 5장 9절의 "빛의 열매는 모든 착함과 의로움과 진실함에 있느니라"는 말씀처럼 빛 되신 예수님의 사랑 안에 거할 때 진리를 기뻐하게 됩니다.

사랑이 있으면 언제나 진리를 따라 살고 모든 것을 참고 모든 것을 믿으며 모든 것을 바라고 모든 것을 견딜 수가 있습니다. 베드로후서 3장 9절은 "주의 약속은 어떤 이들이 더디다고 생각하는 것같이 더딘 것이 아니라 오직 주께서는 너희를 대하여 오래 참으사 아무도 멸망하지 아니하고 다 회개하기에 이르기를 원하시느니라"고 말씀하고 있습니다. 주님께서는 우리를 사랑하시기 때문에 구원에 이르도록 모든 것을 참고 모든 것을 믿고 바라고 견디십니다. 주님께서 사랑으로 우리를 대하지 아니하셨더라면 우리는 벌써 멸망당하고 말았을 것입니다. 우리는 항상 죄를 짓고 불의하고 추악하고 버림받을 행동을 하지만 그럼에도 불구하고 주님은 우리가 돌이킬 것을 믿고 오래 참으십니다. 또한 성령을 보내셔서 회개시키시고 용서해 주십니다. 하루에 일곱 번씩 일흔 번이라도 회개시키고 용서해 주셔서 우리를 바로 세우는 것이 주님의 사랑입니다. 그러므로 우리도 주님의 사랑을 깨달아서 많은 사람들에게 이 사랑을 실천해야 합니다.

로마서 8장 35절과 37절은 "누가 우리를 그리스도의 사랑에서 끊으리요 환난이나 곤고나 박해나 기근이나 적신이나 위험이나 칼이랴 그러나 이 모든 일에 우리를 사랑하시는 이로 말미암아 우리가 넉넉히 이기느니라"고 말씀하고 있습니다. 우리가 신앙생활 속에서 승리하고 성공할 수 있는 것은 사랑 때문에 가능합니다.

트리니티 신학교 교수인 존 우드 브릿지(John Wood Bridge) 목사의 집안은 16대에 걸쳐 목사를 배출한 유서 깊은 기독교 집안입니다. 그렇기 때문에 그는 아주 어릴 때부터 가정에서 늘 경건의 시간을 통해 말씀을 묵상하고 온 가족이 예배를 드렸습니다. 그러나 어린 브릿지의 마음속에는 늘 가정 예배가 끝나기만 하면 뛰쳐나가서 놀아야겠다는 생각만 가득했습니다. 그러면서도 집안의 분위기 때문에 자기 스스로는 훌륭한 그리스도인이라고 생각했습니다. 그러나 그가 대학에 들어간 후 비로소 자신이 그리스도인이 아니요, 신앙도 전혀 없고 부모가 시키기 때문에 억지로 가정 예배를 드리고 교회에 참석했다는 사실을 깨달았습니다. 부모님은 그가 대학을 졸업한 후 신학교에 가기를 원했지만 그는 거절했습니다. 아버지가 이유를 묻자 "저는 예수를 믿지 않아요. 그렇기 때문에 저는 아버지

의 대를 이어서 목사가 될 수 없습니다."라고 아주 솔직하게 이야기했습니다.

그럼에도 불구하고 부모님은 브릿지를 포기하지 않았습니다. 아들의 모든 것을 이해하면서 인내와 사랑으로 어떠한 강요도 하지 않고 기다렸습니다. 그리고 끊임없이 아들을 위해서 주야로 기도를 했습니다. 훗날 브릿지 목사는 "내가 그리스도께로 돌아올 수 있었던 것은 부모님 때문이다. 당시 부모님은 나에게 실망하셨음에도 불구하고 방황하는 나를 포기하지 않으셨고 오히려 나를 위해 더 많이 기도하고 위로하고 격려하고 사랑을 베풀어 주셨다. 결국 나는 부모님의 인내와 사랑에 감동해서 회개하고 예수를 믿고 신학교에 가서 집안의 16대 목사가 되었다."고 고백하였습니다. 이것이 사랑입니다. 모든 것을 참고 믿고 바라고 견디는 것이 사랑입니다.

사랑을 하기 위하여

우리가 사랑하며 살기 위해서는 사랑의 원천이신 하나님 아버지와 예수님 그리고 성령님을 우리의 마음 중심에 모셔 들여야 합니다. 태양이 없이 빛이 존재할 수 없는 것처럼 사랑은 하나님으로부터 시작되는 것입니다. 하나님 아버지와 예수 그리스도와 성령님께서 내 마음을 점령할 때 내 마음에 사랑의 샘이 솟아오르기 시작합니다. 그러므로 요한일서 4장 7절과 8절은 "사랑하는 자들아 우리가 서로 사랑하자 사랑은 하나님께 속한 것이니 사랑하는 자마다 하나님으로부터 나서 하나님을 알고 사랑하지 아니하는 자는 하나님을 알지 못하나니 이는 하나님은 사랑이심이라"고 말씀하고 있습니다. 또한 요한일서 4장 16절은 "하나님이 우리를 사랑하시는 사랑을 우리가 알고 믿었노니 하나님은 사랑이시라 사랑 안에 거하는 자는 하나님 안에 거하고 하나님도 그의 안에 거하시느니라"고 말씀하고 있습니다.

우리는 예수님의 십자가 희생을 통한 사랑을 항상 기억해야 합니다. 하나님의 아들이 세상에 오셔서 우리를 구원하기 위하여 33년 동안 연약한 인간의 육신을 입고 계시면서 우리의 죄와 불의, 추악과 저주, 절망과 죽음을 대신 짊어지시고 십자가에서 처형되셨습니다. 로마 시대에 가장 흉악한 죄인들을 가장 고통스럽게 죽이는 형벌이 십자가형입니다. 천지와 만물을 지으신 하나님의 아들이 우리들의 죄 때문에 십자가에 못 박힌 것을 생각해 보십시오. 그뿐만 아니라 군중들은 예수님을 향하여 고개를 흔들고 모욕을 하고 침을 뱉으면서 "네가 하나님의 아들이면 십자가에서 내려오라. 그리하면 우리가 너를 믿겠노라. 남은 구원하였으되 자기는 구원하지 못하는구나!"(마 27:39-42)라고 비웃었습니다. 예수님은 열두 군단이 더 되는 천사를 명하여 원수들을 제압하실 수도 있었으나 우리를 구원하시려는 그 사랑 때문에 끝까지 참으셨습니다.

요한복음 3장 16절은 우리가 속해 있는 이 세상을 향한 하나님의 사랑을 다음과 같이 기록하고 있습니다. "하나님이 세상을 이처럼 사랑하사 독생자를 주셨으니 이는 그를 믿는 자마다 멸망하지 않고 영생을 얻게 하려 하심이라". 또한 누가복음 23장 34절에서는 예수님께서 자신을 십자가에 못 박고 모욕하는 사람들을 향해서 "아버지 저들을 사하여 주옵소서 자기들이 하는 것을 알지 못함이니이다"고 하신 말씀이 기록되어 있습니다. 이를 통해 우리는 원수까지도 사랑하시는 예수님의 놀라운 사랑을 발견할 수 있습니다.

예수님은 사랑의 원천이요, 용서의 빛을 발하는 사랑의 태양이십니다. 그러므로 우리의 마음속에 참사랑 되신 하나님 아버지와 예수 그리스도와 성령님을 모셔 들여서 모든 이웃들에게 그 사랑을 널리 전해야 합니다.

　요한일서 4장 9절과 10절은 "하나님의 사랑이 우리에게 이렇게 나타난 바 되었으니 하나님이 자기의 독생자를 세상에 보내심은 그로 말미암아 우리를 살리려 하심이라 사랑은 여기 있으니 우리가 하나님을 사랑한 것이 아니요 하나님이 우리를 사랑하사 우리 죄를 속하기 위하여 화목 제물로 그 아들을 보내셨음이라"고 말씀하고 있습니다. 우리가 하나님을 먼저 사랑한 것이 아니라 하나님께서 먼저 우리를 찾아오셔서 사랑하셨던 것입니다. 하나님께서 그 아들을 희생 제물로 주셔서 우리의 죄를 대속하시고, 예수 그리스도를 통하여 우리를 용서하시고, 의롭다 하심으로 하나님의 백성이 되게 하셨습니다. 이러한 하나님의 끝없는 사랑에 대해 우리는 늘 감사해야 합니다.

　우리가 항상 구해야 될 것은 성령님의 은혜로 하나님의 사랑이 우리 마음속에 부어지도록 기도하는 것입니다. 로마서 5장 5절에 "소망이 우리를 부끄럽게 하지 아니함은 우리에게 주신 성령으로 말미암아 하나님의 사랑이 우리 마음에 부은 바 됨이니"라고 말씀하신 것같이 하나님께서는 성령을 통해서 우리에게 사랑을 부어 주십니다. 그렇기 때문에 중생한 사람은 성령을 통해서 사랑이 싹트고 성령 충만한 사람은 사랑의 강물

이 흘러넘쳐 사랑에 갈급한 많은 사람들에게 하나님의 사랑을 흘려보낼 수 있습니다.

요한복음 7장 37절과 38절을 보면 예수님께서는 "누구든지 목마르거든 내게로 와서 마시라 나를 믿는 자는 성경에 이름과 같이 그 배에서 생수의 강이 흘러나오리라 하시니"라고 말씀하셨습니다. 누구든지 예수 이름 앞에 나아가서 마르지 않는 사랑의 생수를 마시고 성령으로 충만하면 하나님의 사랑이 강물처럼 넘쳐납니다. 그리고 데살로니가후서 3장 5절은 "주께서 너희 마음을 인도하여 하나님의 사랑과 그리스도의 인내에 들어가게 하시기를 원하노라"고 말씀하면서 우리에게 하나님의 사랑과 더불어 그리스도의 인내에 동참하기를 권면하고 있습니다.

우리는 사랑하며 살기로 결심해야 합니다. 무엇을 어떻게 사랑하며 살 것인지 구체적으로 마음에 작정을 해야만 합니다. 우리가 사랑하며 살 것을 각오하고 나아가면 하나님께서 도와주십니다. 요단강이 갈라진 것은 법궤를 짊어진 제사장들이 창일한 강물에 믿음으로 발을 내딛었기 때문입니다. 이처럼 믿음의 행보는 먼저 발을 내딛어야 주님께서 그 믿음을 보시고 이끌어 주십니다. 우리가 하나님을 의지하여 믿음으로 발걸음을 옮기면 하나님께서 도우시고 힘을 주십니다. 그러므로 사랑하며 살기로 결심하고 이제부터 여러분의 가족과 이웃을 사랑하십시오. 그럴 때 하나님께서 사랑의 열매를 풍성히 거둘 수 있도록 힘과 지혜를 주실 것입니다. 천 리 길도 한 걸음부터 시작하는 것처럼 작은 사랑의 실천이 위대한 하나님의 사랑을 닮아가는 밑거름이 되고, 우리는 가족과 이웃 그리고 민족과 세계를 위해 선한 영향력을 미치는 크리스천이 될 수 있습니다.

요한복음 13장 34절과 35절에서 "새 계명을 너희에게 주노니 서로 사랑하라 내가 너희를 사랑한 것같이 너희도 서로 사랑하라 너희가 서로 사랑하면 이로써 모든 사람이 너희가 내 제자인 줄 알리라"고 말씀하신 것같이 우리가 서로 사랑하면 모든 사람들에게 예수님의 제자로 인정받게 되는 것입니다. 또한 요한복음 15장 12절부터 14절은 "내 계명은 곧 내가 너희를 사랑한 것같이 너희도 서로 사랑하라 하는 이것이니라 사람이 친구를 위하여 자기 목숨을 버리면 이보다 더 큰 사랑이 없나니 너희는 내가 명하는 대로 행하면 곧 나의 친구라"고 말씀하고 있습니다. 우리가 서로 사랑할 때 예수님의 제자요, 친구로 인정받는다는 말씀입니다.

우리가 지금은 사랑하기 힘든 환경 가운데 있을지라도 먼

저 용서해야만 합니다. 용서는 사랑의 출발점이기 때문입니다. 잠언 10장 12절은 "미움은 다툼을 일으켜도 사랑은 모든 허물을 가리느니라"고 말씀하고 있으며, 베드로전서 4장 8절은 "무엇보다도 뜨겁게 서로 사랑할지니 사랑은 허다한 죄를 덮느니라"고 권면하고 있습니다. 사랑은 용서를 통해 허물과 죄를 덮어 주는 놀라운 힘을 가지고 있습니다. 그러므로 에베소서 4장 32절에 "서로 친절하게 하며 불쌍히 여기며 서로 용서하기를 하나님이 그리스도 안에서 너희를 용서하심과 같이 하라"고 하신 말씀처럼 그리스도 안에서 먼저 용서하면 사랑이 샘솟게 되고, 이 사랑이 우리의 삶 가운데 흘러넘치게 되면 모든 문제가 해결되고 마음의 병뿐만 아니라 육신의 병까지도 고침을 받게 됩니다. 그러므로 마태복음 6장 12절에서는 "우리가 우리에게 죄지은 자를 사하여 준 것같이 우리 죄를 사하여 주시옵고"라고 말씀하고 있습니다. 우리가 먼저 상대방의 허물을 덮어 주고 죄를 용서해 준 다음 하나님 앞에서 우리의 죄와 허물을 용서해 달라고 기도하는 것이 참사랑이 담긴 기도입니다.

고린도전서 13장 8절은 "사랑은 언제까지나 떨어지지 아니하되 예언도 폐하고 방언도 그치고 지식도 폐하리라"고 말

쏨하고 있습니다. 주님 오시는 그날에는 예언도 지식도 폐하고 방언도 그치지만 사랑은 하나님 나라와 더불어 영원토록 함께 할 것입니다. 우리가 사는 세상의 것들은 현상일 뿐 본질이 아닙니다. 모든 것은 일시적이고 유한하며 영원하지 않습니다. 오직 사랑을 베푸는 것만이 삶의 진실한 내용으로서 우리의 삶에 의미를 부여합니다.

오늘의 본문 고린도전서 13장 1절부터 3절의 말씀은 우리에게 사랑을 적극적으로 실천하도록 강력하게 말씀하고 있습니다. 그러므로 오늘 이 시간부터 사랑의 근원이 되시는 하나님과 예수님을 모시고 십자가의 사랑을 깊이 생각하시기 바랍니다. 그 사랑이 성령으로 내 마음에 부어지기를 기도하십시오. 그리고 사랑하며 살기로 결심하십시오. 여러분의 삶이 하나님께 영광이 되도록 사랑을 실천하면서 행복한 일생을 살게 되시기를 주님의 이름으로 축원합니다.

사랑할 수 있으면 해답이 보인다

"다만 이뿐 아니라 우리가 환난 중에도 즐거워하나니 이는 환난은 인내를, 인내는 연단을, 연단은 소망을 이루는 줄 앎이로다. 소망이 우리를 부끄럽게 하지 아니함은 우리에게 주신 성령으로 말미암아 하나님의 사랑이 우리 마음에 부은 바 됨이니 우리가 아직 연약할 때에 기약대로 그리스도께서 경건하지 않은 자를 위하여 죽으셨도다. 의인을 위하여 죽는 자가 쉽지 않고 선인을 위하여 용감히 죽는 자가 혹 있거니와 우리가 아직 죄인 되었을 때에 그리스도께서 우리를 위하여 죽으심으로 하나님께서 우리에게 대한 자기의 사랑을 확증하셨느니라"(롬 5: 3-8)

이 세상에는 끝없는 경쟁과 미움과 알력과 투쟁과 전쟁이 있습니다. 우리는 2001년 9월 11일 오전에 미국 뉴욕 시의 세계무역센터와 국방성 펜타곤에 대한 무자비한 테러로 7천여 명의 무고한 생명이 살상되는 장면을 보고 간담이 서늘했던 적이 있습니다. 도대체 어떻게 그러한 천인공노할 사건이 일어날 수 있습니까? 뿐만 아닙니다. 그 이후에도 수많은 전쟁과 분쟁들이 이 지구상에서 끊이지 않고 일어나고 있습니다. 이것은 바로 타락한 인간의 마음에서 생겨난 비극인 것입니다. 우리는 이 비극의 원인이 과연 어디에 있는지, 또한 이와 같은 타락한 인간의 심성과 인간 분쟁의 문제를 어떻게 극복할 수 있는지를 함께 살펴보도록 하겠습니다.

아담의 타락과 부패한 인간 심성

아담 이후 타락한 인간의 마음은 언제나 자아중심적인 자존심 때문에 상대에게 모든 책임을 전가합니다. 어떤 일이 생겨도 그 일로 인해 자기를 되돌아보고 회개하려고 하는 대신에 '내 탓이 아니라 네 탓'이라고 몰아붙이는 심성이 있습니다. 타락한 인간의 심성에는 언제나 자기만 옳다고 주장하는 경향이 있습니다. 자기만이 옳고 바르다고 생각하여 자기의 모든 언어, 심사, 행동을 정당화하고 남을 비평하고 폄하합니다. 이러한 모습은 아담과 하와가 타락하고 난 다음에 에덴동산에서 일어난 사건을 통해서 분명히 볼 수 있습니다.

창세기 3장 11절부터 12절을 보면, 하나님께서 "누가 네게 선악과를 따 먹으라고 하더냐?"고 물으시자 아담은 "하나님이 주셔서 나와 함께 있게 하신 여자, 그가 그 나무 열매를 내게 주므로 내가 먹었습니다."라고 대답합니다. 이 말에는 '선악과를 따 먹은 것은 하나님이 주신 여자인 하와 때문입니다. 그러므로 이 일은 하나님 책임입니다.'라는 의미가 내포되어 있습니다. 아담은 자신의 잘못은 조금도 회개하지 아니하고 남에게 책임을 돌렸습니다. 자기만이 정당하고 자기의 체면을 세워야 겠다고만 생각했지 회개하려고 하지 않았습니다. 이것이 타락하자마자 아담의 내면에 생겨난 부패한 심성인 것입니다.

아담만 그런 것이 아닙니다. 하와도 똑같은 말을 했습니다. 창세기 3장 13절을 보면 하나님께서 하와에게 "네가 어찌하여 이렇게 하였느냐?"라고 물으시자, 하와는 "뱀이 나를 꾀므로 내가 먹었나이다."라고 대답했습니다. 이는 '내 잘못이 아닙니다. 선악과를 따 먹은 것은 모두 저 뱀 때문입니다.' 라는 의미입니다. 하와 역시 구차한 변명을 하면서 뱀에게 그 책임을 전가했습니다. 그녀 역시 자기의 체면을 세우고 자기 자신을 정당화하는 데 급급했습니다.

인간의 책임 전가는 여기에서 그치지 않습니다. 창세기 4장을 보면 에덴동산에서 쫓겨난 아담과 하와는 가인과 아벨이라는 아들들을 낳게 됩니다. 이들은 장성하여 각자 하나님께 제단을 쌓았는데, 가인은 자기 손으로 직접 지은 농산물을 제단에 올렸고 아벨은 양을 잡아 피를 흘려 제단에 올렸습니다. 그런데 하나님께서 가인의 제물은 받지 아니하시고 아벨의 제물을 기쁘게 받아 주시자, 가인의 마음에 분노가 생겼습니다. 가인은 우선적으로 '왜 하나님께서 내 제물을 받지 않으셨는

가?'를 깊이 생각하고 회개해야 했습니다. 그러나 그는 그렇게 하지 않았습니다. 오히려 그는 하나님께서 자신의 제물을 받지 않으신 것이 아벨 때문이라 여겼습니다. 그는 '아벨, 너 때문에 하나님께 응답을 받지 못했다. 내가 직접 수확한 곡식을 하나님께 제물로 드린 것은 정당한 것이었는데, 네가 내 체면을 손상시켰으니 너를 죽여야겠다.'라고 생각하고는 아벨을 밭에서 돌로 쳐 죽이고 말았습니다. 인류 역사상 첫 살인이 일어난 것입니다. 아담의 타락 이후로 인간이 이와 같이 부패하고 자기중심적인 마음 바탕에 서 있기 때문에 오늘날까지도 가정, 사회, 국가 간의 갈등과 분쟁이 그치지 않고 있습니다.

사랑 이외의 해답은 없다

이처럼 타락하고 부패한 인간이 자기중심적인 자존심과 자기만 옳다고 하는 자기주장과 자기 유익만을 추구하는 마음을 이기고 평화로이 공존할 수 있는 방법은 무엇이겠습니까? 그 해결책은 UN도, 국가 기관도, 사회단체도 아닙니다. 인간은 갈등의 문제를 해결하기 위해 역사 이후로 온갖 수단과 방법을 다 동원했지만 미움, 시기, 분노, 질투, 싸움, 분쟁 등이 끊이지 않았습니다. 그렇다면 해답이 없는 것일까요?

해답이 있습니다. 그것은 바로 '사랑'입니다. 하늘 아래에 있는 인간 분쟁의 문제에 대한 해답은 오직 사랑입니다. 이 외에는 결코 해답이 없습니다. 오직 사랑만이 자존심, 자기주장, 자기의 유익 등을 내려놓고 서로 화해하고 함께 손잡고 살아가게 만들어 줍니다. 남을 나와 동등하게 생각하고 남을 나보다 더 귀히 여기는 사랑만이 인간 내면의 자기중심적 아집을 해체시키고 인간 분쟁의 문제를 해결할 수 있습니다.

부부간에도 서로 진정한 사랑이 있어야만 화목하게 살 수 있습니다. 사랑이 있어야 남편과 아내가 자존심, 자기주장, 자기의 유익 등을 내려놓고 서로를 더욱 소중히 여기며 화목하게 됩니다.

고구려 평원왕 때의 일입니다. 늙은 홀어머니를 봉양하며 사는 '온달'이라고 하는 못생긴 바보가 있었습니다. 그는 온 동네를 다니며 걸식하고 살았기에, 웬만한 사람들은 그를 다 알고 있었습니다. 당시 평원왕의 딸 평강공주는 어릴 때 자꾸만 울어대는 울보였습니다. 그래서 왕은 공주가 울 때마다 "그만 울어라. 계속 울면 바보 온달에게 시집보낸다."라고 말하곤

했습니다. 하루 이틀도 아니고 울 때마다 계속해서 "바보 온달에게 시집보내겠다."라는 말을 들었기 때문에 평강공주는 '나는 바보 온달에게 시집가야 하는 운명이다.' 라고 마음속으로 단정 지었습니다. 세월이 흘러 왕은 혼인할 나이가 된 공주를 훌륭한 귀족에게 시집보내려 하자 공주는 바보 온달에게 시집가겠다고 고집을 부렸습니다. 타이르고 설득하다 지친 왕이 대노해서 공주를 궁궐에서 내 쫓아버리자 그녀는 그길로 보따리를 싸들고 바보 온달에게 가 버렸습니다.

온달을 찾아간 평강공주는 그와 결혼해 자신의 자존심이나 자기주장이나 자기의 유익을 내려놓고 그를 사랑으로 잘 받들어 섬겼습니다. 궁궐에서 갖고 나온 패물들을 팔아 근근이 생활하는 중에도 온달에게 무예와 학문을 배우게 하여 출중한 인물로 만들었습니다.

어느 날, 중국 후주(後周)의 무제가 고구려에 쳐들어왔고 이에 온달이 선봉이 되어 나가서 적군을 무찌르고 전쟁을 대승리로 이끌었습니다. 이에 크게 기뻐한 왕은 온달을 정식으로 사위로 인정하며 대형(大兄)이라는 큰 벼슬을 내렸습니다. 용맹스러운 장수가 되어 나라를 위해 충성을 다하던 온달은 신라에 빼앗긴 한강 이북의 땅을 되찾으려다 아단성(峨旦城) 전투에서 그만 전사하고 맙니다. 이러한 온달의 애국심, 충성심, 용맹스러움은 삼국사기에 전해져 내려오고 있습니다.

　온달 장군도 훌륭하지만 그보다 더욱 위대한 것은 평강공주의 숭고한 사랑입니다. 평강공주의 헌신적인 사랑과 보살핌이 걸식이나 하며 살던 바보 온달을 용맹스럽고 훌륭한 장수로 만들었습니다. 일국의 공주임에도 불구하고 사랑으로 자존심, 자기주장, 자기 유익 등을 다 내려놓고 바보 온달을 섬겨서 훌륭한 인물로 만들었습니다. 일국의 공주쯤 되면 무척이나 자존심도 강하고 학식도 높아 나름대로 자기주장을 펴고 또한 자기 유익을 능히 취할 수 있음에도 불구하고 그녀는 사랑으로 그것들을 극복한 것입니다. 이처럼 사랑이 아니고서는 결코 자기를 희생하고 남을 진정으로 돕는다는 것이 불가능합니다.

　부모의 사랑도 마찬가지입니다. 부모는 자식을 위해서 언제든지 자기의 자존심, 자기주장과 자기 유익을 버릴 준비가 되어 있습니다. 이것이 부모의 사랑입니다.

　조창인 씨가 쓴 〈가시고기〉라는 소설이 있습니다. 이 소설은 TV 드라마로도 제작되었으며 140만 부 이상이나 팔린 베스트셀러입니다. '가시고기'는 민물고기의 한 종류로, 암컷이 알을 낳으면 수컷이 그 알을 품어서 새끼가 깨어나게 하고 알에

서 깨어난 새끼에게 자기 살을 뜯어서 먹입니다. 그리고 새끼들이 그 아버지 가시고기의 살을 다 뜯어 먹고 자라서 떠나게 되면 아버지 가시고기는 죽는다고 합니다. 소설의 내용도 이와 같습니다.

  10살 된 아들을 둔 한 부부가 이혼을 하였습니다. 그러자 어머니는 미국으로 가 버리고 아버지가 아들을 맡아 기르고 있었는데 그만 그 아들이 백혈병에 걸렸습니다. 아버지는 가족도 다니던 직장도 다 잃은 채 하나뿐인 아들을 살리기 위해 목숨을 바쳐 고군분투합니다. 아들의 엄청난 치료비를 마련하기 위해 친구들에게도 손을 벌리고 제자들에게도 손을 내밀다가 온갖 모욕과 수치를 당하지만 다 참아냅니다. 오로지 아들을 살려야겠다는 일념으로 목숨을 걸고 헌신적인 노력을 기울입니다. 급기야 나중에는 치료비를 충당하기 위해 자신의 각막을 팔기까지 하여 아들을 살려냅니다. 그러나 이 과정에서 그는 자신이 간암에 걸려 얼마밖에 살지 못한다는 것을 알게 됩니다. 결국 이 아버지는 목숨보다도 더 사랑하는 아들, 온몸을 바쳐 살려낸 아들을 이혼한 부인에게 보낼 수밖에 없게 됩니다. 가기 싫어하는 아들을 억지로 떠나보내고 그 아들의 뒷모습을 숨어서 지켜보는 아버지의 마음에는 억장이 무너집니다. 그리고 얼마 후 이 아버지는 쓸쓸히 세상을 뜨게 됩니다.

너무나 슬프면서도 감동적인 부성애(父性愛)를 섬세하게 잘 묘사한 소설입니다. 저 역시 이 책을 처음 읽는 순간부터 책을 덮을 때까지 내내 눈을 뗄 수가 없었습니다. 이와 같이 지극한 부모의 사랑이 있기 때문에 핏덩어리인 어린아이들이 자라서 사회인이 될 수 있는 것입니다. 사랑만이 이러한 희생을 할 수 있습니다. 만약 부모가 자기 자존심 다 지키고 자기주장 다 내세우고 자기 유익만을 구한다면 길러 낼 자식은 하나도 없을 것입니다.

저는 또한 이러한 기사를 신문에서 읽은 적이 있습니다. 미국에 16세 된 딸을 기르는 아버지가 있었는데 그 딸이 날로 파리해져서 병원에 가 보니까 신장 신후염으로 신장을 이식해야 살 수 있다고 하는 것이었습니다. 그래서 아버지는 두말하지 않고 기꺼이 자신의 신장을 하나 떼어서 딸에게 주었고 딸은 곧 건강을 회복했습니다.

몇 년이 지난 후 이식한 신장에 또 문제가 생겼습니다. 그 딸은 다시 신장 이식 수술을 해야만 했고 그 딸의 아버지는 자신의 남은 신장마저 딸에게 기증하고 싶다고 말했습니다. 이에 의사윤리위원회는 "아버지의 남은 신장을 딸에게 떼 준다는

것은 살인과 같은 행위로 비윤리적입니다. 절대로 안 됩니다." 라고 말하며 반대했습니다. 그러나 이 아버지는 윤리위원회 앞에 서서 다음과 말했습니다. "여러분, 딸에 대한 나의 사랑은 윤리를 뛰어넘는 것입니다. 윤리는 인간이 만든 것이지만 딸에 대한 나의 사랑은 하늘이 주신 것입니다. 사랑은 윤리를 뛰어넘습니다. 내 나머지 신장을 떼 주고 나는 평생 투석을 하면서 살지라도 내 딸이 생명을 얻고 행복하게 살기를 원합니다." 결국 그는 나머지 신장을 떼서 딸에게 주었고 자신은 남은 생애 동안 투석을 해야 하는 불편과 고통을 감수하며 살다가 죽었다고 합니다. 여러분, 어떻게 이런 일이 가능할까요? 사랑이 아니고는 있을 수가 없는 일입니다. 오직 사랑만이 모든 것을 가능하게 하고 모든 것을 뛰어넘을 수 있습니다.

뿐만 아닙니다. 저는 사자 우리에 뛰어든 아버지에 관한 이야기를 읽어 본 적이 있습니다. 가족과 함께 동물원 나들이에 나섰던 어린아이가 부주의로 무서운 사자 우리에 빠지게 되었습니다. 사자들은 어슬렁거리며 다가왔고 아이는 무서워 울부짖었습니다. 사람들 역시 모두 다 고함을 치고 비명을 질렀습니다. 이때 아이의 아버지는 주위 사람들의 만류를 무릅쓰고 순식간에 사자 우리로 뛰어 들어갔습니다. 그는 겁에 질려 있는 아이를 덥석 품에 안고는 아이를 해치면 가만두지 않겠다는 결사적인 각오로 다가오는 사자들을 뚫어지게 바라보았습니다. 이때 목숨을 걸고 아들을 지키겠다는 그 아버지의 뜨거운 사랑에 기가 질렸는지 단숨에 달려들 줄 알았던 사자들은 부자(父子) 주위를 빙글빙글 돌다가 결국은 꼬리를 아래로 내리고는 물러가 버렸습니다. 이처럼 사랑은 강력하며 엄청난 힘을 발산합니다. 사자들은 아이를 살리려는 아버지의 사랑이 뿜어내는 강렬한 눈빛에 마치 아주 무서운 적수를 만난 양 겁에 질려 도망간 것입니다.

오늘날 우리가 이웃과 평안하게 지내려면 이웃을 위해 자기를 희생하여 자존심도, 자기주장도, 자기 유익도 다 버릴 수 있어야 합니다. 이것이 이웃 사랑입니다. 사랑이 아니고서는 이와 같은 심정으로 이웃을 섬길 수가 없습니다.

2001년 9월 11일 미국 뉴욕의 세계무역센터 참사 현장에서 구조 활동을 진두지휘하다 숨진 뉴욕 시의 소방국장은 늘 부하 직원들보다 가장 먼저 위험한 곳에 뛰어들어 구조 활동을 했다고 합니다. 세계무역센터 빌딩이 테러리스트의 비행기 충돌로 인해 불이 났을 때 그는 최고 간부 5명과 함께 소방대원 350명을 거느리고 빌딩 계단을 오르내리며 붕괴 직전까지 목숨을 걸고 사람들을 구출하다가 무너지는 빌딩에 파묻혀 숨을 거두었습니다. 어떤 소방대원은 참사가 일어난 당일에 비번이었음에도 불구하고 구조 활동에 동참했으며 어떤 소방대원은 바로 며칠 전에 구조 활동을 하다 부상을 당했음에도 불구하고 부상당한 몸을 이끌고 앞장서서 구조를 벌이다가 숨을 거두었습니다. 어떤 대원은 이미 퇴역했음에도 불구하고 자원하여 구조 활동을 하다가 목숨을 잃었다고 합니다. 그밖에도 많은 자원자들이 위험을 감수하고 구조 활동을 벌이다가 현장에서 숨진 채 발견되기도 했습니다.

그들이 왜 이토록 생명을 바쳐서 희생했습니까? 빌딩에 불이 붙어서 무너질 것을 뻔히 알면서도 그 계단을 오르내리며 사람들을 구출하려고 했던 것은 오직 사랑으로 자기를 희생해야만 할 수 있는 것입니다. 이러한 사랑의 역사가 없으면 오늘날 우리 사회는 공존할 수 없으며 화평을 이룰 수도 없고 발전할 수도 없을 것입니다.

여러분은 '사랑의 원자탄' 손양원 목사님의 이야기를 잘 아실 것입니다. 손양원 목사님은 평양신학교를 졸업하고 37세에 전남 여수의 나병 환자 요양원인 애양원 교회의 전도사로 부임했습니다. 목사님은 나병 환자들과 함께하며 피고름을 입으로 빨아내면서도 그들의 영혼을 구원하기 위해서 자기 자신도 나병 환자가 되기를 소원할 만큼 주님의 사랑을 실천하셨습니다. 또한 일제의 신사참배를 거부하여 5년간 옥고를 치르고 종신형을 선고받기도 했는데 다행이 해방이 되면서 석방되었습니다.

그런데 1948년 여순반란사건 때 당시 기독학생회 회장이었던 목사님의 장남 동인이와 차남 동신이가 좌익계 폭도들에게 끌려가 총에 맞아 순교하고 말았습니다. 손양원 목사님은 큰 슬픔으로 통곡하였으나 두 아들을 순교의 제물로 받아 주신 하나님께 열 가지 제목의 감사를 드렸습니다. 국군이 순천을 탈환하고 주모자를 재판하여 사형에 처하려고 할 때, 목사님은 혼신의 힘을 다해 두 아들을 죽인 원수의 석방을 간청하였고 그를 자신의 양자로 삼아 신학교까지 보내어 주의 종으로 만들었습니다. 6·25전쟁 당시에는 교회와 환자들을 돌보다가 공산군에게 잡혀 감옥에 갇히게 되었지만 그때에도 자기에게 들어오는 음식을 다른 사람들에게 나누어 주며 전도하였고 결국 48세의 나이에 공산군의 손에 무참히 죽었습니다. 진정한 사랑을 나누고 실천하다가 순교한 손양원 목사님은 진실로 사랑의 원자탄이었습니다.

어떻게 이런 일이 있을 수 있습니까? 어떻게 이처럼 자기 자신을 다 버리고 희생할 수 있습니까? 어떻게 자기 자식을 둘이나 죽인 원수를 양아들로 삼아 먹이고 입히고 돌보고 신학교까지 보낼 수 있습니까? 사랑이 아니고서는 이런 일은 결코 할 수 없습니다.

이처럼 하늘 아래 있는 우리 인간이 부부간에, 부모와 자식 간에, 이웃 간에 분쟁이 아닌 진정한 화평의 삶을 누리려면 서로 사랑해야 합니다. 먼저 자신을 희생하고 타락한 인간의 자존심과 자기주장과 자기 유익을 내려놓을 수 있는 사랑만이 인간 분쟁의 유일한 해답입니다.

가장 위대한 사랑

이 세상의 사랑 중에서 가장 크고 위대한 사랑은 바로 예수님의 사랑입니다. "하나님이 세상을 이처럼 사랑하사 독생자를 주셨으니"(요 3:16)라고 성경은 말씀합니다. 하나님께서 우리를 위해서 독생자를 내어 주신다는 것은 사랑이 아니고는 할 수 없는 크나큰 희생입니다. 그리고 예수님께서 십자가에서 자기 자신을 내주어 몸을 찢고 피를 흘려 우리를 위해서 제물이 되신 것도 사랑이 아니고는 할 수 없는 일이었습니다.

육신의 몸을 입고 오신 예수님도 사람인지라 살고 싶고 자존심도 있고 자기주장도 있고 자기 유익을 구하는 마음도 있었을 것입니다. 오직 사랑만이 이 모든 것을 극복할 수 있게 만들어 준 것입니다. 겟세마네 동산에서의 예수님은 자신이 살 것이냐, 인류 구원을 위하여 죽을 것이냐의 갈림길에서 심히 고민하셨습니다. 마태복음 26장 36절부터 38절은 "제자들에게 이르시되 내가 저기 가서 기도할 동안에 너희는 여기 앉아 있으라 하시고 베드로와 세베대의 두 아들을 데리고 가실 새 고민하고 슬퍼하사 이에 말씀하시되 내 마음이 매우 고민하여 죽게 되었으니 너희는 여기 머물러 나와 함께 깨어 있으라 하시고"라고 말씀하고 있습니다. 죄를 알지도 못하는 예수님이 온 인류의 죄악을 짊어지고 배설물 같은 죄악을 찌꺼기까지 다 들이마셔야 되는 것이 얼마나 고통스러우셨겠습니까?

예수님은 왜 우리를 위해서 이와 같은 고통과 마음의 괴로움을 택하셨습니까? 우리를 사랑하셨기 때문입니다. 사랑 때문에 자기를 희생하셨습니다. 예수님은 끝내 하나님 앞에서 '내 뜻대로 마옵시고 아버지 뜻대로 하시옵소서. 나의 자존심

도 있고 나의 고집도 있고 나도 살고 싶지만 그러나 아버지의 뜻은 내가 인류를 위해 제물이 되는 것이기에 내 뜻대로 마옵시고 아버지의 뜻대로 하시옵소서.' 라고 기도하며 자기 자신을 온전히 내어 놓았습니다(눅 22:42).

또한 누가복음 22장 44절을 보면 "예수께서 힘쓰고 애써 더욱 간절히 기도하시니 땀이 땅에 떨어지는 핏방울같이 되더라"고 말씀합니다. 얼마나 고민했기에 피하의 모세혈관이 터져서 땀구멍으로 피가 흘렀겠습니까? 예수님께서 몸을 찢고 피를 쏟은 결과로 마귀의 나라와 그 통치와 권세를 무너뜨린 것입니다. 십자가에서 예수님이 "다 이루었다"(요 19:30)고 말씀하실 때에 마귀의 나라와 통치와 권세가 여리고 성처럼 와르르 무너져 버렸습니다. 마귀는 하나님의 아들을 십자가에 못 박았으므로 인류 구원을 막을 수 있다고 생각했는데 오히려 그의 나라가 무너져 버린 것입니다. 예수 그리스도의 십자가의 사랑, 이것을 통하지 않고는 우리가 사랑을 구할 수 없습니다. 우리는 우리 주 예수님의 십자가를 바라보고 주님의 희생을 묵상하며 예수 그리스도를 통해서 사랑을 얻는 것입니다.

갈라디아서 2장 20절을 보면 "내가 그리스도와 함께 십자가에 못 박혔나니 그런즉 이제는 내가 사는 것이 아니요 오직 내 안에 그리스도께서 사시는 것이라 이제 내가 육체 가운데 사는 것은 나를 사랑하사 나를 위하여 자기 자신을 버리신 하나님의 아들을 믿는 믿음 안에서 사는 것이라"고 말씀하고 있습니다. '나 위하여 십자가의 중한 고통 받으사 대신 죽은 주 예수의 사랑하신 은혜여!', 나를 위해서 그 보배로운 피를 흘려 희생하신 예수님의 십자가를 바라보고 가슴에 품을 때, 비로소 우리는 자기 자신을 이기고 하나님의 사랑을 실천하는 사람이 될 수 있습니다.

빌립보서 2장 5절부터 8절은 "너희 안에 이 마음을 품으라 곧 그리스도 예수의 마음이니 그는 근본 하나님의 본체시나 하나님과 동등 됨을 취할 것으로 여기지 아니하시고 오히려 자기를 비워 종의 형체를 가지사 사람들과 같이 되셨고 사람의 모양으로 나타나사 자기를 낮추시고 죽기까지 복종하셨으니 곧 십자가에 죽으심이라"고 말씀합니다. 예수님은 자기를 비우고 낮추고 희생하여 십자가에서 죽으심으로 우리 대신 제물이 되어 우리를 구원해 주셨습니다. 이 십자가의 사랑을 우리가 바라보고 묵상하고 믿을 때에 그리스도의 사랑이 우리를 강권하게 되는 것입니다. 우리는 예수님의 십자가를 바라보지 않고는 희생적인 사랑을 할 수 없습니다. 부부간에도 싸움이 생길 때

에 예수님의 십자가를 생각하면 남편에게 복종할 수 있고 아내에게 복종할 수 있습니다. 예수님의 희생의 사랑이 나를 강권하기 때문입니다. 부모와 자식 간에도 이웃 간에도 마찬가지입니다. 예수님의 십자가를 생각할 때 우리 안에 도무지 사랑할 수 없는 사람도 사랑할 수밖에 없는 이유가 생깁니다.

그리고 우리는 성령님께 하나님의 사랑을 부어 주시도록 구해야 합니다. 로마서 5장 5절은 "성령으로 말미암아 하나님의 사랑이 우리 마음에 부은 바 됨이니"라고 말씀합니다. 우리는 "성령 하나님이시여. 그리스도의 십자가로 말미암아 하나님의 사랑을 부어 주셔서 내 안에 있는 인간의 자존심과 자기주장과 자기 유익을 극복하고 희생하게 하여 주시옵소서."라고 기도해야 합니다. 그러면 우리 연약함을 도와주기 위해 와 계신 성령님께서 하나님의 사랑을 부어 주시는 것입니다.

충북 제천시에서 '제천 영육아원'을 운영하고 있는 제인 화이트(Jane White) 여사는 올해 71세의 '벽안(碧眼)의 어머니'입니다. 그녀는 1959년 미국 크리스천 라이프대학을 졸업하고 1962년 선교 활동으로 한국에 왔다가 갓 태어난 어린아이들이 부모로부터 버림받는 것에 충격을 받고 제천에 정착하게 되었습니다. 그녀는 미혼의 몸으로 영아원을 세워 46년간 1220여

명의 버림받은 어린아이들을 사랑으로 돌보고 750여 명의 어린이들을 입양시켜 이들이 훌륭히 성장하도록 도왔습니다. 또한 몇 년 전부터는 '제천 아동학대예방센터'를 설치하여 충북 북부 지역 아동 학대 예방 사업을 선도하고 있다고 합니다.

그녀는 이러한 사역을 감당할 수 있는 비결에 대해 "하나님이 부어 주신 사랑으로 어찌할 수 없이 사랑의 포로가 되어 평생 이 일을 감당할 수 있었다."고 말했습니다. 그녀는 한국 사람도 아니고 벽안의 서양 여성입니다. 그녀가 좋은 환경을 버리고 한국에 와서 버림받은 고아들을 위해서 일생을 바친 것은 하나님의 사랑이 그 마음속에 부어졌기 때문입니다. 그녀 스스로도 성령님께서 마음에 사랑을 부어 주셔서 그렇게 할 수 있었다고 말했습니다. 이와 같이 예수 그리스도의 사랑에 의지해야만 자존심, 자기주장, 자기 유익을 이기고 하나님의 사랑을 실천할 수 있습니다.

그러므로 성경은 "믿음의 주요 또 온전하게 하시는 이인 예수를 바라보자 그는 그 앞에 있는 기쁨을 위하여 십자가를 참으사 부끄러움을 개의치 아니하시더니 하나님 보좌 우편에 앉으셨느니라 너희가 피곤하여 낙심하지 않기 위하여 죄인들이 이같이 자기에게 거역한 일을 참으신 이를 생각하라"(히 12:2-3)

고 말씀합니다. 우리는 무한한 사랑으로 십자가의 고통과 부끄러움을 이겨내신 예수님을 생각하고 예수님을 바라보고 예수님의 사랑을 본받으려고 노력하는 사람이 되어야 합니다.

갈라디아서 3장 1절부터 3절은 "어리석도다 갈라디아 사람들아 예수 그리스도께서 십자가에 못 박히신 것이 너희 눈앞에 밝히 보이거늘 누가 너희를 꾀더냐"라고 말씀합니다. 우리는 항상 눈앞에 밝히 보이는 십자가를 바라보아야 합니다. 아름다운 교회당이 우리 신앙의 목표가 아닙니다. 교회가 크고 작다는 것은 우리 신앙의 목표가 될 수 없습니다. 우리 신앙의 목표는 날 위하여 몸 찢고 피 흘려 십자가에 달려신 예수 그리스도를 바라보고 사는 것입니다. 십자가를 잃어버린 사람은 종교인은 될지라도 크리스천은 되지 못합니다. 어떠한 어려움에 처해도 십자가를 바라보고 그리스도의 사랑에 의지하면 우리는 우리 자신을 극복하고 희생할 수 있습니다. 오직 사랑만이 자기 자신과 세상을 이기고 화해와 평안으로 함께 사는 세상을 만들 수 있습니다.

오늘날 지구촌에서 일어나는 온갖 분쟁과 갈등과 전쟁은 어떠한 정치적 중재를 통해서도 쉽게 해결되지 않습니다. 그 이유는 서로서로 자존심을 굽히지 않고 자기들이 옳다고 주장하고 자기 국가의 유익만을 도모하기 때문입니다. 이 문제는 누군가가 예수 그리스도의 십자가를 바라보며 사랑을 가지고 자기를 희생해야 해결되는 것입니다. 십자가를 받아들이지 않으면 개인 문제, 가정 문제, 사회 문제, 국가 문제, 국제 정치 문제가 해결되지 않습니다. 항상 분쟁과 무력 충돌과 살상이 있게 마련입니다.

끝으로 저의 간증을 말씀드리겠습니다. 저희 부부는 결혼한 지 10년 동안 옳고 공정한 것을 지향한다는 미명하에, 부부관계에 있어서도 늘 잘잘못을 분별하고 판단하는 율법적인 태도를 갖고 있었습니다. 그렇기 때문에 결혼 후 10년 동안 저희 부부의 관계는 메마른 사막과 같았고 내면의 갈등은 깊어만 갔습니다. 그러던 중 하나님께서는 깊은 기도 가운데 제게 이렇게 말씀하셨습니다. '너는 잘한 사람과 잘못한 사람을 판단하고 심판하기 위해 존재하는 것이 아니다. 나와 같이 다른 이들의 십자가를 대신 짊어지고 기도해 주기 위해 존재하는 것이다.'

이 말씀은 제게 큰 깨달음으로 다가왔습니다. 그 뒤로 저는 제 가정 안에서 발생하는 잘못은 제가 짊어져야 할 십자가로,

제가 속한 공동체에서 발생한 잘못 역시 제가 짊어져야 할 십자가로 여기게 되었습니다. 얼마 후 삭막한 광야와 같은 저희 가정은 물 댄 동산과 같이 바뀌었고 제 마음에는 참평안이 찾아오게 되었습니다.

그렇습니다. 오늘날 깨어진 가정, 깨어진 사회, 깨어진 국제 관계를 회복할 길은 십자가밖에 없습니다. 사랑의 십자가만이 우리를 온갖 갈등과 분쟁과 충돌에서 건질 수 있습니다. 성경을 보면 예수님께서는 "누구든지 나를 따라오려거든 자기를 부인하고 자기 십자가를 지고 나를 따를 것이니라 누구든지 제 목숨을 구원하고자 하면 잃을 것이요 누구든지 나를 위하여 제 목숨을 잃으면 찾으리라"(마 16:24-25)고 말씀하셨습니다. 결국 자기희생이라는 사랑의 십자가만이 우리의 가정을 비롯한 모든 공동체에게 회복과 생명, 화해와 평안을 가져다주는 것입니다.

물론 사랑은 타락한 인간의 자연적 속성은 결코 아닙니다. 타락한 인간의 심성으로는 도무지 진실한 사랑을 할 수 없습니다. '울어도 못 하네. 힘써도 못 하네. 애써도 못 하네.' 라는 찬송가 가사처럼, 진정한 사랑은 오직 예수님의 십자가를 항상 바라보고 매일같이 십자가에 자기 자신을 못 박고 예수님의 사랑이 성령의 능력으로 가슴속에 부어지기를 간절히 기도해야만 이루어질 수 있는 것입니다. 이 사랑만이 자기를 희생하며 화해와 공존의 원동력이 될 수 있습니다. 오직 주님을 믿고 그리스도의 사랑을 받아야 타락한 심성을 극복하여 자기를 희생하고 사랑을 실천할 수 있습니다. 사랑이 아니고는 가정의 화평도 이웃 간의 화평도 사회와 국가의 화평도 국제 간의 화해와 화평도 있을 수가 없습니다. 그러나 사랑할 수 있으면 이 모든 것의 해답이 보입니다. 십자가의 사랑 이외에는 해결책이 없습니다. 다른 어떤 것을 봐도 해결책이 없습니다. 십자가만이, 성령님의 능력만이 자기의 고집을, 자기중심적 심성을 극복할 수가 있습니다.

자신의 가슴에 손을 얹고 '내가 진정 남편으로서, 아내로서, 부모로서, 자식으로서, 성도로서, 이웃으로서, 국민으로서 과연 그리스도의 십자가의 사랑에 나를 맡겼는가? 내가 과연 십자가에 자신을 못 박고 그리스도의 사랑으로 강권함을 받아 이해와 동정과 사랑의 삶을 살았는가?' 스스로에게 물어 보시기 바랍니다. 우리는 날마다 자신에게 이 질문을 던져 보아야 합니다. 고린도전서 13장 1절에서 3장의 말씀처럼, 사랑이 없으면 우리는 소리 나는 구리요, 울리는 꽹과리에 불과합니다.

결국 사랑이 없는 종교 행위는 아무것도 아닌 무(無)요, 아무런 유익도 없습니다. 즉, 사랑 없는 종교 행위는 허위에 불과하고 모든 종교적 의식은 헌신짝보다 못하다는 것입니다.

사랑하는 여러분, 사랑이 없는 모든 것은 소용이 없습니다. 사랑은 우리 주 예수 그리스도를 믿는 신앙의 가장 근본적인 핵심이요, 중심입니다. 오늘도 그리스도의 피 묻은 십자가를 바라보고 성령의 능력을 힘입어 이 무정한 시대에 썩어지는 한 알의 사랑의 밀알이 되어 많은 사랑의 열매들을 거두는 여러분이 되시기를 간절히 축원합니다.

사랑의 수고

"이에 종이 그 주인의 낙타 중 열 필을 끌고 떠났는데 곧 그의 주인의 모든 좋은 것을 가지고 떠나 메소보다미아로 가서 나홀의 성에 이르러 그 낙타를 성 밖 우물 곁에 꿇렸으니 저녁때라 여인들이 물을 길으러 나올 때였더라 그가 이르되 우리 주인 아브라함의 하나님 야훼여 원하건대 오늘 나에게 순조롭게 만나게 하사 내 주인 아브라함에게 은혜를 베푸시옵소서 성중 사람의 딸들이 물 길으러 나오겠사오니 내가 우물 곁에 서 있다가 한 소녀에게 이르기를 청하건대 너는 물동이를 기울여 나로 마시게 하라 하리니 그의 대답이 마시라 내가 당신의 낙타에게도 마시게 하리라 하면 그는 주께서 주의 종 이삭을 위하여 정하신 자라 이로 말미암아 주께서 내 주인에게 은혜 베푸심을 내가 알겠나이다 말을 마치기도 전에 리브가가 물동이를 어깨에 메고 나오니 그는 아브라함의 동생 나홀의 아내 밀가의 아들 브두엘의 소생이라 그 소녀는 보기에 심히 아리땁고 지금까지 남자가 가까이하지 아니한 처녀더라 그가 우물로 내려가서 물을 그 물동이에 채워가지고 올라오는지라 종이 마주 달려가서 이르되 청하건대 네 물동이의 물을 내게 조금 마시게 하라 그가 이르되 내 주여 마시소서 하며 급히 그 물동이를 손에 내려 마시게 하고 마시게 하기를 다하고 이르되 당신의 낙타를 위하여서도 물을 길어 그것들도 배불리 마시게 하리이다 하고 급히 물동이의 물을 구유에 붓고 다시 길으려고 우물로 달려가서 모든 낙타를 위하여 긷는지라 그 사람이 그를 묵묵히 주목하며 야훼께서 과연 평탄한 길을 주신 여부를 알고자 하더니 낙타가 마시기를 다하매 그가 반 세겔 무게의 금 코걸이 한 개와 열 세겔 무게의 금 손목고리 한 쌍을 그에게 주며 이르되 네가 누구의 딸이냐 청하건대 내게 말하라 네 아버지의 집에 우리가 유숙할 곳이 있느냐 그 여자가 그에게 이르되 나는 밀가가 나홀에게서 낳은 아들 브두엘의 딸이니이다"
(창 24:10-24)

우리는 구약 성경이 신약 성경의 그림자라는 것을 잘 알고 있습니다. 구약은 신약에서 성취될 일을 비유나 그림자로 예시하고 있습니다. 성경을 보면 아브라함은 아들 이삭의 신부감을 구하기 위해 종 엘리에셀을 먼 고향 땅으로 보내고 충성스러운 엘리에셀은 주인 아브라함의 명령을 따라 이삭의 신부를 찾아 먼 길을 찾아가는 수고를 마다하지 않는 모습이 나옵니다. 여기서 이삭의 신부감을 고르는 아브라함은 하나님 아버지로, 아브라함의 상속자인 외아들 이삭은 우리 주 예수 그리스도로, 충성스럽게 신부감을 구하러 떠난 종 엘리에셀은 성령님으로, 엘리에셀을 따라 온 사자들은 천사들로 비유될 수 있습니다.

하나님 아버지께서는 본문을 통해 우리들이 감당해야 할 사랑의 수고에 대해 말씀하십니다. 또한 과연 누가, 누구를 위해서, 사랑의 수고를 감당해야 하는 것인지와 그 결과가 어떠한 것인지에 대해 놀라운 은혜와 교훈을 주시고 있습니다.

이삭을 장가들게 하려는 아브라함

아브라함은 아들 이삭이 나이 40이 되었는데도 아직 홀로 있었기에 그를 장가들게 하려고 했습니다. 아브라함은 자기의 모든 재산을 이삭에게 상속해 주고 좋은 아내를 얻게 해 주려고 종 엘리에셀을 불러 고향 땅 메소포타미아에 가서 이삭을 위한 규수를 찾아볼 것을 명령했습니다. 아브라함의 종 엘리에셀은 주인의 명을 따라 낙타 열 마리에 귀하고 값진 보물을 가득 싣고 머나먼 메소포타미아를 향해 떠났습니다.

창세기 24장 2절과 4절에는 "자기 집 모든 소유를 맡은 늙은 종에게 이르되 …… 내 고향 내 족속에게로 가서 내 아들 이삭을 위하여 아내를 택하라"고 했고, 창세기 24장 7절에는 "하늘의 하나님 야훼께서 나를 내 아버지의 집과 내 고향 땅에서

떠나게 하시고 내게 말씀하시며 내게 맹세하여 이르시기를 이 땅을 네 씨에게 주리라 하셨으니 그가 그 사자를 너보다 앞서 보내실지라 네가 거기서 내 아들을 위하여 아내를 택할지니라"고 말씀하셨습니다.

이것은 굉장히 놀라운 비유입니다. 하나님께서는 예수님의 신부를 구하기 위하여 오늘날 천사와 성령님을 보내셨습니다. 바로 아브라함은 하나님께 비유되고 이삭은 예수님께 비유되고 그 종 엘리에셀은 성령님, 사역자들은 천사들에게 비유될 수 있습니다. 하나님께서는 우리 주 예수 그리스도의 신부인 주의 성도들을 선택하기 위해 2천 년 전에 성령님을 천사들과 함께 보내시고 이 땅에서 주의 백성들을 찾고 계신 것입니다.

데살로니가후서 2장 13절은 "주께서 사랑하시는 형제들아 우리가 항상 너희에 관하여 마땅히 하나님께 감사할 것은 하나님이 처음부터 너희를 택하사 성령의 거룩하게 하심과 진리를 믿음으로 구원을 받게 하심이니"라고 말씀합니다. 또한 마태복음 24장 31절에도 "그가 큰 나팔 소리와 함께 천사들을 보내리니 그들이 그의 택하신 자들을 하늘 이 끝에서 저 끝까지 사방에서 모으리라"고 기록되어 있습니다. 이는 성령님과 천사들을 보내어서 우리를 택하신다는 말씀입니다. 성령님과 천사들은 오늘도 온 천하만국에 다니면서 이삭의 아내, 즉 예수 그리스도의 신부 되는 성도들을 선택하고 계십니다. 그런데 아브라함이 종 엘리에셀을 보낼 때 낙타 열 마리에 모든 좋은 것을 실어 보냈다고 했습니다. 그냥 빈 낙타만 보낸 것이 아니라 낙타 열 마리의 등에 모든 귀하고 좋은 것들을 많이 실어 보낸 것입니다. '10'이라는 숫자는 무한 수의 개념입니다. 하나님께서 신부인 성도들을 선택하기 위해 성령님을 우리에게 보내실 때는 무한한 하늘의 은혜와 축복을 함께 보내시는 것입니다.

고린도전서 2장 9절은 "기록된바 하나님이 자기를 사랑하는 자들을 위하여 예비하신 모든 것은 눈으로 보지 못하고 귀로 듣지 못하고 사람의 마음으로 생각하지도 못하였다 함과 같으니라"고 말씀합니다. 하나님께서는 우리 눈으로 본 적도 없고 귀로 들은 적도 없고 마음으로 생각지도 못할 만큼 놀라운 은혜의 선물을 성령님을 통해서 우리에게 보내신 것입니다. 야고보서 1장 17절 역시 "온갖 좋은 은사와 온전한 선물이 다 위로부터 빛들의 아버지께로부터 내려오나니 그는 변함도 없으시고 회전하는 그림자도 없으시니라"고 말씀하고 있습니다.

하나님께서는 우리가 이 땅에서 하늘의 영광을 미리 맛보기를 원하십니다. 예수 그리스도의 신부로 선택함을 받은 우리

들에게 성령의 놀라운 은혜와 은총을 부어 주심으로, 우리의 신랑 예수님께서 얼마나 놀랍고 위대하신 분이며, 천국이 얼마나 아름다운지를 미리 가슴속에 느끼고 감동하고 기뻐하고 즐거워하기를 원하십니다. 아브라함은 이삭의 신부를 구하러 가는 종에게 단순히 시집올 사람을 구하라고 말하지 않았습니다. 이삭이 아브라함의 총애를 받는 상속자임을 보여 주기 위해서 집안에 있는 모든 귀하고 좋은 것을 보냈습니다. 은금 패물과 함께 의복과 좋은 선물들을 잔뜩 보낸 것은 이삭의 신부 될 사람이 이것을 받고 감동하고 기쁘고 즐거워하며 기대감에 넘치기를 원하였기 때문입니다.

리브가를 찾기 위한 기도

아브라함의 종 엘리에셀은 머나먼 사막을 지나서 메소포타미아에 도착하자마자 하나님께 기도하기 시작했습니다. 그는 하나님의 인도를 받아서 신부를 구하기 위해 기도하였습니다.

저는 종 엘리에셀을 생각할 때마다 감동을 받습니다. 그는 비록 아브라함의 종이었지만 모든 일에 아브라함의 하나님께 기도해서 인도를 받았습니다. 손쉽게 그냥 가서 이삭의 신부를 구하기 위해 돌아다니지 않고 먼저 하나님께 엎드려 기도한 것입니다. 그는 저녁때가 되면 여성들이 우물가에 물을 길으러 오니까 우물가로 갔습니다. 우물가에 낙타들을 꿇어 앉혀 놓고 그 자리에 엎드려서 하나님께 "우리 주인 아브라함의 하나님 야훼여, 원하건대 오늘 나에게 순조롭게 만나게 해 주시옵소서."라고 기도했습니다. 그리고 기도 응답의 조건을 하나님께 분명하게 제시했습니다. 창세기 24장 14절을 보면 "한 소녀에게 이르기를 청하건대 너는 물동이를 기울여 나로 마시게 하라 하리니 그의 대답이 마시라 내가 당신의 낙타에게도 마시게 하리라 하면 그는 주께서 주의 종 이삭을 위하여 정하신 자라 이로 말미암아 주께서 내 주인에게 은혜 베푸심을 내가 알겠나이다"라고 기록되어 있습니다.

우리도 하나님께 기도할 때 구체적으로, 분명하게 기도해야 합니다. 그저 막연하게 "주여! 이삭을 위해서 신부를 주옵소서."라고 하지 않고 "제가 여기서 기도할 테니 한 소녀가 와서 물을 길을 때에 내게 물을 좀 마시게 해 달라고 부탁하면 내게만 물을 줄 뿐 아니라 낙타에게도 물을 주겠다며 수고를 자원한다면 그 소녀가 바로 하나님께서 택한 사람인 줄 알겠나이

다."라는 분명한 조건을 제시했습니다. 우리도 이처럼 하나님께 기도할 때 구체적으로 분명하게 기도해야 됩니다. 막연하게 "복을 주시옵소서. 복을 주시옵소서."라고 하지 말고 분명하고 구체적인 복을 말해야 합니다. 하나님께 기도할 때 목표가 분명하지 않으면 분명한 응답을 받을 수가 없습니다. 믿음은 바라는 것들의 실상입니다. 바라는 것이 분명해야 확고한 믿음을 가지고 기도할 수 있고 그 기도가 하나님께 상달될 수 있는 것입니다. 엘리에셀은 분명한 목표를 가지고 기도를 드렸습니다. 그는 많은 소녀들이 물 길러 나올 때 아무나 붙잡고 이삭의 아내가 되어 달라고 부탁하지 않았습니다. 분명하게 조건을 내어 놓고 하나님이 그 조건에 맞는 소녀를 선택해 달라고 기도하였습니다.

기도를 마치자마자 리브가가 물동이를 어깨에 메고 물을 길으러 왔습니다. 물을 길으러 오는 리브가에게 "내가 목이 마르니 물을 좀 주시오."라고 하자 리브가는 엘리에셀에게 물을 마시게 하고 난 다음에 부탁도 안 했는데 자원해서 "저 낙타들도 사막을 건너오느라 얼마나 목이 말랐겠습니까? 낙타에게도 물을 마시게 하겠습니다."라고 말했습니다.

창세기 24장 17절부터 22절은 당시의 상황을 이렇게 설명하고 있습니다. "종이 마주 달려가서 이르되 청하건대 네 물동이의 물을 내게 조금 마시게 하라 그가 이르되 내 주여 마시소서 하며 급히 그 물동이를 손에 내려 마시게 하고 마시게 하기를 다하고 이르되 당신의 낙타를 위하여서도 물을 길어 그것들도 배불리 마시게 하리이다 하고 급히 물동이의 물을 구유에 붓고 다시 길으려고 우물로 달려가서 모든 낙타를 위하여 긷는지라 그 사람이 그를 묵묵히 주목하며 야훼께서 과연 평탄한 길을 주신 여부를 알고자 하더니 낙타가 마시기를 다하매 그가 반 세겔 무게의 금 코걸이 한 개와 열 세겔 무게의 금 손목고리 한 쌍을 그에게 주며".

하나님께서 엘리에셀의 기도에 정확하게 응답해 주셨습니다. 기도의 목표가 분명하면 응답도 분명한 것입니다. 목표 없이 기도했으면 이것이 응답인지 저것이 응답인지 구분할 수가 없습니다. 분명히 나에게도 물을 주고 낙타에게도 물을 주겠다고 하면 하나님이 택한 소녀인 줄 알겠다고 했는데 기도한 그대로 되었습니다. 하나님이 응답해 주신 것입니다.

여러분! 리브가가 종에게 물을 마시게 하고 낙타에게 물을 마시게 했다는 것은 보통 일이 아닙니다. 왜냐하면 낙타 한 마리가 사막을 건너오면 보통 80리터 정도의 물을 마십니다. 열

마리면 800리터의 물을 낙타에게 먹여야 하고 우물에서 물을 길어 낙타가 있는 곳의 구유까지 두어 시간 동안 수십 번을 왔다 갔다 해야 합니다. 저녁 해거름에 밥 지으려고 물 길러 왔다가 두어 시간 동안이나 우물에서 물을 떠다가 낙타에게 먹인다는 것은 보통 힘든 것이 아닙니다. 그럼에도 리브가는 불평 한마디 안 하고 원망하거나 포기하지 아니하고 사랑의 수고를 계속한 것입니다. 이를 볼 때에 엘리에셀이 감동하지 않을 수 없었습니다. 하나님의 택하신 사람은 과연 다르다고 생각한 것입니다.

이것은 깊은 영적 의미가 담긴 비유입니다. 하나님의 성령께서 우리를 찾으러 오실 때에 우물가에서 우리를 기다리십니다. 우물가는 무엇입니까? 교회가 바로 하나님의 우물가입니다. 성령님은 교회에서 성도들을 기다리십니다. 하나님께서 택할 자를 기다리십니다. 제가 복음을 전하고 난 다음에 결신자를 일으켜 세우는 것은 바로 성령님께서 교회에서 구원받을 자를 기다리고 계시기 때문입니다. 그러므로 여러분들이 전도를 통해서 구원받을 사람들을 꼭 교회로 데리고 나와야 합니다. 하나님의 우물가인 교회에 반드시 데리고 나와야 합니다.

그런데 하나님께서는 교회에 성도만 불러 모으시는 것이

아니라 낙타도 데리고 오신다는 것을 알아야 합니다. 교회에는 성도들만 모이고 그곳에서 성령의 은혜로 구원만 받는다고 생각하면 안 됩니다. 하나님께서는 구원받은 성도들에게 낙타도 데리고 오십니다. 낙타는 무엇입니까? 하나님의 사랑이 고갈되어서 사랑의 물을 달라고 고함치는 사람을 낙타라고 할 수 있습니다. 우리 주변에는 신랑 낙타도 있고, 신부 낙타도 있고, 자식 낙타도 있고, 시아버지 낙타, 시어머니 낙타, 친정 식구들 낙타, 이웃 낙타들이 많습니다. 가족 낙타, 친척 낙타, 이웃 낙타 등 우리를 힘들고 고통스럽게 하는 낙타들이 많이 있습니다.

성경은 "사랑하는 자들아 너희를 연단하려고 오는 불 시험을 이상한 일 당하는 것같이 이상히 여기지 말고 오히려 너희가 그리스도의 고난에 참여하는 것으로 즐거워하라 이는 그의 영광을 나타내실 때에 너희로 즐거워하고 기뻐하게 하려 함이라" (벧전 4:12-13)고 말씀합니다.

하나님께서는 우리에게 시련의 낙타들을 많이 데리고 오십니다. 우리가 시련의 낙타들에게 사랑의 물을 마시게 하는 사랑의 수고를 하기 원하시기 때문입니다. 우리가 예수 믿고 성령으로 말미암아 구원을 받은 것은 감사한 일이지만 그 구원을 완성해 가는 과정 중에 사랑을 실천해야 하고 사랑으로 자라야

합니다. 사랑의 성품이 우리 안에 조각되어야 합니다. 성경은 "하나님은 사랑이심이라"(요일 4:8)고 하셨습니다. 그러므로 하나님의 자녀는 사랑으로 자라야 합니다. 사랑의 물을 달라는 낙타를 때리거나 발길질해서는 문제가 해결되지 않습니다. 우리 주변에는 사랑을 달라는 낙타들의 울음소리가 끊이지 않고 들립니다. 남편은 아내에게 사랑을 달라고 하고, 아내는 남편에게 사랑을 달라고 하고, 자식들도 부모에게 사랑을 달라고 합니다. 어느 곳에 가든지 사랑에 굶주린 낙타들이 사랑을 달라고 고함을 치고 있습니다. 하나님께서는 우리가 이러한 인간 낙타들에게 사랑을 실천하기 원하십니다.

고린도전서 16장 14절은 "너희 모든 일을 사랑으로 행하라"고 말씀하며 갈라디아서 5장 13절에는 "형제들아 너희가 자유를 위하여 부르심을 입었으나 그러나 그 자유로 육체의 기회를 삼지 말고 오직 사랑으로 서로 종노릇하라"고 말씀하고 있습니다.

미국의 위대한 영성가로 알려진 헨리 나우웬(Henry. J. M. Nouwen) 박사는 하버드 대학과 예일 대학에서 후학들을 가르치는 저명한 교수였습니다. 그러던 그가 하루는 20년 동안 몸담았던 교수직을 사임하고 캐나다 토론토에 있는 '데이브레이

크'(Daybreak)라는 장애인 보호시설의 평범한 직원으로 들어갔습니다. 그곳에서 그가 하는 일이란 어린 장애아들의 대소변을 받아내고 몸을 씻어 주는 것이었습니다. 사람들은 이해할 수가 없어서 그를 찾아가 물었습니다. "세계적인 학자인 당신이 왜 강단에서 제자들을 가르치는 일을 버리고 이렇게 장애인 수용소에 와서 대소변을 받아 내고 목욕시켜 주는 험한 일을 하고 있습니까?"

그때 헨리 나우웬은 이렇게 대답했습니다. "나는 그동안 인기와 명성이라는 정상을 바라보고 힘겹게 올라가는 삶을 살아왔습니다. 그동안 내 눈에는 나 자신의 성공밖에 없었습니다. 그런데 이곳에서 장애인들과 함께 생활하면서 비로소 나는 내리막길을 쉽게 내려가는 삶을 살게 되었습니다. 이제 내 눈에는 나 자신이 보이지 않고 예수님만 보이기 시작했고, 예수 그리스도의 사랑이 느껴지기 시작했습니다." 그러면서 그는 그곳에서 자기가 깨달은 진리를 말했습니다. "내가 이곳에서 돌보는 장애인들은 내 명성이나 내 지식이나 내 인기에는 아무 관심도 없습니다. 내가 얼마나 훌륭한 교수이고 저술가이고 사람들에게 존경을 받는 인물이라는 것에 대해서는 알지도 못하고 관심도 없습니다. 그들의 유일한 관심은 내가 그들을 사랑

해 주고 그들의 사랑을 순수하게 받아 주는가 하는 것입니다." 자신의 학식과 명성과 수많은 저술들이 장애인들에게는 아무런 의미가 없다는 것입니다. 그들에게 필요한 것은 오직 하나, 사랑뿐입니다.

사람들은 여러분의 지위나 명예나 학식에 관심이 있는 것이 아니라 여러분이 그들에게 얼마나 사랑을 베풀어 주는가에 관심을 두고 있습니다. 우리 주변에는 사랑에 목마른 인간 낙타들이 무수히 많이 있습니다. 그들의 울부짖음을 잠재울 수 있는 것은 매와 훈육이 아니라 오직 사랑의 수고로 그들에게 물을 마시게 하는 것입니다. 남편 낙타가, 아내 낙타가 소리치거든 사랑의 물을 마시게 해 주십시오. 자식 낙타가, 이웃 낙타가 소리치거든 사랑의 물을 마시게 해 주십시오. 그들은 사랑을 요구하는 것입니다. 왜냐하면 사람들은 사랑이신 하나님의 형상과 모양대로 지음 받았기 때문에 마음속에 커다란 빈 공간이 있습니다. 그 공간은 물질이나 지위나 명예나 권세로 채울 수가 없고 오직 사랑으로만 채울 수 있습니다. 사람들은 사막을 건너온 낙타처럼 사랑에 굶주려 있기 때문에 사랑으로 채워져야 합니다.

영국 공영방송인 BBC에서 캐나다 토론토 대학 연구팀이

미국 심장학회에 제출한 보고서를 인용해서 방송을 한 적이 있습니다. 스트레스를 많이 받는 직업을 가진 사람일지라도 매일 배우자에게 격려를 받을 경우 혈압이 정상적으로 내려간다는 것입니다. 연구팀을 이끈 토브 교수는 이 연구가 부부 사이의 결속력이 건강에 얼마나 중요한 요소인지를 보여 준다고 말했습니다.

그렇습니다. 가족을 위해서 우리는 오직 사랑의 물을 마시게 해야 합니다. 사랑의 수고와 사랑의 물을 요구하는 낙타를 매로 때려서는 문제가 해결되지 않습니다. 가정 문제의 해결은 사랑입니다. 자녀 문제의 해결도 사랑입니다. 많이 가진 자와 적게 가진 자의 문제도, 지위가 높은 자와 낮은 자의 문제도, 노사 갈등의 문제도 사랑이 해결책입니다. 사랑의 수고 이외에 어떤 문제도 해결할 수 있는 힘이 없습니다. 하나님께서는 인생 문제를 해결할 수 있는 유일한 수단으로서 십자가를 택하셨습니다. 하늘과 땅을 지으신 그 아들 예수 그리스도께서 죄로 인해 죽은 인류를 구원하시기 위해 십자가에 못 박혀 몸 찢고 피 흘리심으로 사랑의 진수를 우리에게 보여 주셨습니다. 사랑만이 문제 해결의 원동력이 됩니다.

테레사(Teresa) 수녀가 한번은 영국 BBC방송의 멜콤 머그

릿지 기자와 인터뷰를 한 적이 있습니다. "당신은 일생을 죽어가는 사람들 곁에서 살아왔는데 죽어가는 사람들에게 가장 필요한 것이 무엇이라고 생각합니까?"라는 질문에 테레사 수녀는 이렇게 대답했습니다. "무엇보다 그들 자신이 버림받지 않았다는 사실을 알도록 해 주는 것이 필요합니다. 진심으로 그들을 사랑하고 보살펴 주는 이웃이 있다는 것을 살아 있는 단 몇 시간만이라도 느끼게 해 주는 것입니다."

여러분, 나에게 관심을 가져 주고 나에게 사랑을 베풀어 주는 사람이 있다는 것이 죽음의 여행을 떠나는 사람에게 가장 큰 안심이요, 위로가 됩니다. 죽음의 순간에도 사람에게 가장 필요한 것은 사랑입니다. 하나님께서는 우리에게 도움이 필요한 낙타들을 많이 보내 주셨습니다. 우리가 해야 할 일은 그들에게 사랑의 물을 먹이는 것입니다.

죽어가는 사람에게만 사랑이 필요한 것이 아닙니다. 갓 태어난 어린 아기도 사랑을 필요로 합니다. 어느 저명한 소아과 전문의가 체중 미달의 연약한 어린 아기를 치료하기 위해 특별한 처방을 하였다고 합니다. 그는 병원에서 연약한 아기의 진료 기록표를 발견하면 이렇게 처방을 써 놓았습니다. "이 아기는 3시간마다 사랑을 받아야 합니다." 3시간마다 간호사가 와서 아기를 안고 흔들어 주고 등을 두들겨 주고 뽀뽀해 주고 얼굴을 비벼 주면 그 아기는 죽지 않고 살아난다는 것입니다. 그러나 그대로 내버려 두면 아무리 좋은 생활환경에 맛있는 우유를 주어도 어린 아기는 죽고 만다는 것입니다.

이처럼 사람은 밥만 먹고 살 수 없습니다. 사랑을 먹어야 살 수 있습니다. 오늘날 세상에서 가장 불행한 일은 아마도 영적으로, 정신적으로 영양실조에 걸리는 일일 것입니다. 갓 태어난 어린 아기들도 사랑이 필요하고 모든 죽어가는 사람들에게도 사랑이 필요합니다. 아내에게도 사랑이 필요하고 남편에게도 사랑이 필요합니다. 노인도 어린아이에게도 사랑이 필요합니다.

하나님의 성령께서 우리를 택해서 하나님의 자녀로 삼으시고 난 다음에, 우리에게 하나님의 자녀가 되고 예수 그리스도의 신부가 될 자격이 있는지를 보시려고 사랑과 섬김이 필요한 많은 사람들을 이끌어 오십니다. 때문에 예수 믿는 사람들에게는 돌보아야 할 낙타가 많습니다. 그 낙타들에게 사랑의 물을 주십시오. '저 낙타들에게 사랑의 물을 더 줘야 되겠구나!' 하면서 사랑을 듬뿍 줘야 합니다. 리브가는 낙타 물구유에 두어 시간 동안 수십 번이나 오르락내리락하며 온몸에 물을 다 뒤집

어셨습니다. 낙타에게 물을 주려면 내가 수고를 해야 합니다. 사랑은 수고와 희생이 따릅니다. 하나님이 세상을 이처럼 사랑하사 우리에게 독생자를 주는 수고를 감당하셨으며 예수님은 우리를 사랑하사 십자가에 몸 찢고 피를 흘리며 한없는 고통을 감내하는 수고를 겪으셨습니다. 낙타에게 물을 먹이는 것이 결코 쉽지 않으며 힘들고 수고롭다는 것을 알아야 합니다.

그러나 낙타에게 물을 먹이고 난 다음에 어떻게 되었습니까? 그 낙타가 싣고 온 은금 보화가 리브가에게 주어졌습니다. 우리가 사랑으로 물을 먹이면 그 결과로 성령님이 가져오신 모든 귀하고 값진 보화를 우리에게 주시는 것입니다. 예수 믿고 난 다음에 사랑을 실천하지 않기 때문에 성령님이 보화를 풀어놓지 않는 것입니다. 예수 믿는 사람이 자꾸 율법주의자가 되어서 이웃을 바라보고 이웃을 발가벗기고 할퀴고 먹칠하고 짓밟는 율법주의적인 행동을 하기 때문에 성령님이 보화의 보따리를 풀어놓지 않습니다. 오늘날 예수 믿는 사람이 복을 받지 못하는 것은 낙타에게 사랑의 물을 먹이지 않기 때문에 성령님이 보화의 보따리를 풀어놓지 못하는 것입니다. 예수 믿는 사람이 사랑의 물을 먹이는 수고를 감당해야 성령님께서 온갖 은금 보화를 풀어놓으십니다.

물 먹은 낙타를 타고 시집간 리브가

리브가가 열 마리의 낙타에게 물을 다 먹이고 난 다음에 엘리에셀이 낙타에 싣고 온 은금 보화를 리브가에게 주었습니다. 이처럼 사랑을 실천하면 축복이 있는 것입니다.

창세기 24장 50절부터 53절을 보면 "라반과 브두엘이 대답하여 이르되 이 일이 야훼께로 말미암았으니 우리는 가부를 말할 수 없노라 리브가가 당신 앞에 있으니 데리고 가서 야훼의 명령대로 그를 당신의 주인의 아들의 아내가 되게 하라 아브라함의 종이 그들의 말을 듣고 땅에 엎드려 야훼께 절하고 은금 패물과 의복을 꺼내어 리브가에게 주고 그의 오라버니와 어머니에게도 보물을 주니라"고 말씀합니다. 호박이 넝쿨째 떨어졌습니다. 딸 하나 잘 둬서 집안이 다 복을 받게 되었습니다. 리브가에게만 은금 패물을 준 것이 아니라 그 집안 식구들 모두에게 보화를 부어 준 것입니다.

우리 한국이 어떻게 88올림픽을 개최해서 세계적으로 알려지게 되었고, 2002년 월드컵으로 세계 곳곳에 대한민국을 알리게 되었습니까? 또한 세계경제포럼(WEF)의 발표에 의하

면 우리나라는 171개 국가 중에 2008년 국가별 경쟁력 평가가 11위가 되고, 세계 제 13위의 무역대국이 되고, GNP가 2만 달러가 되었다고 합니다. 이 모든 것은 하나님이 우리를 축복해 주셨기 때문입니다. 해방 이후 반세기 만에 선진국 대열에 들어선 국가는 대한민국밖에 없습니다. 6·25사변의 잿더미 위에서 이렇게 잘살게 된 것은 우리가 잘나서 그런 것도 아니고 정치인들이 정치를 잘해서 그런 것도 아니고 사회가 안정되어서 그런 것도 아닙니다. 혼란과 투쟁과 분쟁과 시기, 분노, 질투, 데모 등 온갖 일이 다 있었지만 우리 한국에 꾸준히 교회가 서고 성도들이 열심히 하나님께 기도하고 찬양하면서 사랑의 수고를 정성껏 하므로 성령님께서 보화의 보따리를 풀어놓으신 것입니다. 이로 인해 우리 영혼이 잘되고 범사에 잘되며 강건하고 생명을 얻되 넘치게 얻는 축복을 받게 된 것입니다.

그러므로 신명기 28장 12절은 "야훼께서 너를 위하여 하늘의 아름다운 보고를 여시사 네 땅에 때를 따라 비를 내리시고 네 손으로 하는 모든 일에 복을 주시리니 네가 많은 민족에게 꾸어줄지라도 너는 꾸지 아니할 것이요"라고 말씀하고 있으며, 신명기 12장 7절은 "거기 곧 너희의 하나님 야훼 앞에서 먹고 너희의 하나님 야훼께서 너희의 손으로 수고한 일에 복 주심으로 말미암아 너희와 너희의 가족이 즐거워할지니라"고 말씀하고 있습니다.

리브가가 낙타에게 물을 먹이느라고 고생은 많이 했지만 나중에 시집갈 때에는 걸어서 가지 않았습니다. 결국 자기가 물을 먹이느라 수고한 낙타를 타고 신랑 이삭에게로 간 것입니다. 우리가 인간 낙타에게 사랑의 물을 먹인다고 고생하지만 그 사랑과 인내가 결국 우리가 천국에 들어갈 때에 타고 가는 영광의 수레가 된다는 것을 기억해야 합니다.

창세기 24장 60절부터 61절을 보면 "리브가에게 축복하여 이르되 우리 누이여 너는 천만인의 어머니가 될지어다 네 씨로 그 원수의 성 문을 얻게 할지어다 리브가가 일어나 여자 종들과 함께 낙타를 타고 그 사람을 따라가니 그 종이 리브가를 데리고 가니라"고 말씀합니다. 리브가는 자기가 물을 먹인 바로 그 낙타를 타고 가게 되자 마음이 감개무량했을 것입니다.

여러분, 우리가 인간 낙타에게 사랑의 물을 먹이느라고 고생하지만 이러한 사랑의 수고를 통해서 우리의 생활 가운데 만들어지는 것이 무엇입니까? 그것은 바로 금보다도 귀한 생명의 면류관입니다. 야고보서 1장 12절은 "시험을 참는 자는 복이 있나니 이는 시련을 견디어 낸 자가 주께서 자기를 사랑하

는 자들에게 약속하신 생명의 면류관을 얻을 것이기 때문이라"고 말씀하고, 또 야고보서 1장 2절부터 4절은 "내 형제들아 너희가 여러 가지 시험을 당하거든 온전히 기쁘게 여기라 이는 너희 믿음의 시련이 인내를 만들어 내는 줄 너희가 앎이라 인내를 온전히 이루라 이는 너희로 온전하고 구비하여 조금도 부족함이 없게 하려 함이라"고 말씀하고 있습니다.

에베소서 1장 7절은 "우리는 그리스도 안에서 그의 은혜의 풍성함을 따라 그의 피로 말미암아 속량 곧 죄 사함을 받았느니라"고 말씀합니다. 우리가 예수님의 보혈의 은혜로 천국에 들어갈 때에 사랑의 수고가 만들어 낸 연단된 믿음의 수레를 타고 들어가게 됩니다. 사랑의 수고가 영광의 면류관과 영광의 수레가 되어 그것을 타고 영광스럽게 천국에 들어가는 것입니다. 죄 사함은 예수님이 흘리신 보혈로 인해 값없이 받지만 아름다운 황금 면류관과 황금 수레의 상급은 우리의 사랑의 수고를 통해서 받게 된다는 것을 반드시 기억해야 합니다. 그러므로 우리는 주변에 있는 많은 낙타들에게 사랑의 물을 먹여야 합니다. 손해 보는 것 같지만 하나님이 다 보상해 주십니다. 우리가 사랑의 물을 먹이고 보살펴 줄 때에 하나님이 우리에게 하늘의 축복을 감당하지 못할 만큼 부어 주십니다. 그래서 누가복음 6장 38절은 "주라 그리하면 너희에게 줄 것이니 곧 후히 되어 누르고 흔들어 넘치도록 하여 너희에게 안겨 주리라"고 말씀하고 있으며, 데살로니가전서 1장 3절 역시 "너희의 믿음의 역사와 사랑의 수고와 우리 주 예수 그리스도에 대한 소망의 인내를 우리 하나님 아버지 앞에서 끊임없이 기억함이니"라고 말씀하는 것입니다.

여러분, 우리 주변에는 우리가 사랑의 물을 마시게 해야 할 대상이 허다하게 많이 있습니다. 주위를 한번 살펴보십시오. 그리고 그들에게 사랑의 물을 먹이십시오. 그들은 갈증이 심해 한없이 물을 먹을 것입니다. 사막을 지나온 낙타는 목이 많이 말랐으니 80리터가 아니라 800리터라도 마실 것입니다. 사랑의 물을 마시고 또 마셔서 배 속 가득히 물을 채우고 나면 갈증이 해소되어 그다음에는 물을 달라고 안 합니다. 우리는 그때까지 사랑의 수고로 물을 마시게 해야 합니다. 물론 수고스럽고 고생은 되겠지만 나중에 성령님께서 "잘했다! 내 아들아, 잘했다! 내 딸아."라고 칭찬하시면서 보화를 열어 놓으시고 은금 보화를 부어 주실 것입니다. 영적인 보화, 물질적인 보화가 쏟아지는 복을 받게 될 것입니다. 사랑의 수고로 물을 마시게

하면 결국 승리를 가져오게 되고, 하나님께서 영광 받으시는 것입니다.

우리 주 예수님께서는 인간 낙타들을 구원하기 위해서 십자가에 못 박혀 몸 찢고 피 흘려 무한한 사랑을 베푸심으로 우리에게 생명수를 마시게 해 주셨습니다. 우리도 성령님의 도우심을 받아서 예수 그리스도의 형상을 닮아 성령님께서 이끌고 오신 낙타들에게 사랑의 물을 마시게 하는 사랑과 섬김을 실천해야 합니다. 그래서 하나님의 보화를 받고 축복을 받을 수 있도록 힘써야 합니다.

그래도 사랑해야지

"사랑은 오래 참고 사랑은 온유하며 시기하지 아니하며 사랑은 자랑하지 아니하며 교만하지 아니하며 무례히 행하지 아니하며 자기의 유익을 구하지 아니하며 성내지 아니하며 악한 것을 생각하지 아니하며 불의를 기뻐하지 아니하며 진리와 함께 기뻐하고 모든 것을 참으며 모든 것을 믿으며 모든 것을 바라며 모든 것을 견디느니라"(고전 13:4-7)

사람은 이 세상에서 결코 혼자 살아갈 수 없습니다. 항상 두 사람 이상이 밉든 곱든 함께 생활해야만 합니다. 그러기 위해서는 사람 사이의 관계가 매우 중요합니다. 인간관계는 대개 의무적인 관계와 이해관계(利害關係)로 이루어집니다. 그러나 이와 같은 관계는 사랑으로 기름을 치지 않는다면 너무나 냉정하고 살벌한 관계가 되고 맙니다. 사랑은 해도 좋고 안 해도 무방한 것이 아닙니다. 하나님은 사랑이시며, 사랑은 삶의 본질이며 내용이기 때문입니다. 사랑이 없으면 평안도 기쁨도 행복도 성공도 없습니다. 우리의 삶 속에 기쁨과 가치를 주는 것은 바로 사랑입니다. 하나님은 사랑이시며 사랑만이 가장 위대하기 때문입니다. 아무리 율법적이고 의식적인 신앙을 추구한다 하더라도 사랑이 없으면 그것은 아무런 의미가 없습니다. 인간의 삶의 근원은 바로 사랑에 있습니다. 하나님께서는 사랑을 주시기 위해 독생자 예수 그리스도를 십자가에 죽게 하셨습니다. 예수님께서는 그 사랑 때문에 자신을 십자가에 내던지셨습니다. 우리는 예수 그리스도 안에서 하나님의 사랑을 체험하고, 그로 말미암아 하늘에 계신 아버지를 사랑하게 되며, 우리의 가족과 이웃을 사랑하게 됩니다.

사랑을 주고받는 것이야말로 우리의 생애에 진정한 의미를 주는 것입니다. 사랑이 없으면 모든 것이 헛될 뿐입니다. 그러나 사랑이 다가오면 모든 것이 축복으로 변합니다. 인생이 의미 있게 되기 위해서는 사랑이 필요합니다. 우리가 하나님을 사랑하고 이웃을 사랑할 때 인생은 살 만한 가치가 있는 것입니다.

하나님께서 이 땅에 우리를 보내신 이유도 하나님을 사랑하고 섬기며 이웃을 사랑하고 섬기게 하시기 위함입니다. "예수께서 이르시되 네 마음을 다하고 목숨을 다하고 뜻을 다하여 주 너의 하나님을 사랑하라 하셨으니 이것이 크고 첫째 되는 계명이요 둘째도 그와 같으니 네 이웃을 네 자신같이 사랑하라 하셨으니"(마 22:37-39). 우리는 이 말씀과 같이 이 땅에 살면서 무엇보다도 제일 먼저 하나님을 사랑해야 하며 나아가 이웃을 사랑해야 되는 것입니다.

그렇다면 사랑의 내용은 어떤 것입니까? 햇빛을 프리즘에 통과시키면 빨강색, 주황색, 노란색, 초록색, 파란색, 남색, 보라색의 일곱 가지 색깔을 띤 스펙트럼으로 나누어집니다. 우리는 비가 온 뒤 공기 중의 물방울이 햇빛을 분해하는 프리즘의 역할을 하여 하늘을 가로질러 영롱한 빨주노초파남보의 무지개 빛깔로 그림을 그려 놓는 것을 볼 수 있습니다. 마찬가지로 사랑이 성령의 프리즘을 통과하면 열두 가지 스펙트럼으로 나타납니다. 오늘날 우리가 쉽게 사랑, 사랑 하는데 그 사랑의 내용은 바로 성령의 프리즘을 통해서 열두 가지 모양으로 분해되어 우리의 삶 가운데 상세하게 실천되어 나타나는 것입니다.

그러면 사랑의 열두 스펙트럼은 도대체 무엇일까요? 어떻게 해야 사랑을 가지고 살 수가 있을까요? 성경은 사랑에 대해 다음과 같이 설명합니다.

사랑은 오래 참습니다

부모는 자식을 사랑하기 때문에 자식이 성장하는 동안 온갖 대소변을 다 거두어 주고 온갖 못된 짓을 다 해도 오래 참으며 인내하고 기다립니다. 그것은 부모의 가슴속에 자식을 향한 사랑이 있기 때문입니다.

저는 이런 이야기를 읽어 본 적이 있습니다. 한 젊은이가 교통사고로 두 눈을 잃었습니다. 그는 자신의 불행에 대해 불평을 하고 원망을 하고 탄식을 하였지만 그의 어머니는 그 아들을 인내하며 돌보았습니다. 그러던 중 하루는 어머니로부터 어떤 사람이 눈 하나를 기증해 주려고 한다는 말을 들었습니다. 눈을 기증 받으라고 하자 '애꾸눈이 되어서 사는 것이 무엇이 좋으냐'고 하며 온갖 불평을 했습니다. 그래도 어머니는 아들을 수술대로 데려가서 기증받은 눈을 이식하도록 했습니다. 얼마의 시간이 지난 후, 수술한 눈이 회복되어 붕대를 떼어 내자 한쪽 눈이 환하게 보이기 시작했습니다. 그가 애꾸눈으로 웃고 있는 어머니의 얼굴을 쳐다보니 어머니에게도 한쪽 눈이 없는 것이 보였습니다. 알고 보니 어머니가 자신의 한쪽 눈을 아들에게 준 것입니다. 어머니는 "애야, 내가 두 눈을 다 주고 싶었지만 내가 두 눈을 주고 맹인이 되면 한 평생 너에게 짐이 될까 싶어서 내가 한 눈만 너에게 주었다."고 말했습니다. 어머니가 자식에게 자신의 눈을 줄 수 있었던 것은 자식을 향한 사랑이 있었기에 가능했던 것입니다.

이처럼 사랑은 어떠한 역경에도 오래 참습니다. 히브리서 12장 3절을 보면 "너희가 피곤하여 낙심하지 않기 위하여 죄인들이 이같이 자기에게 거역한 일을 참으신 이를 생각하라"고 말씀합니다. 예수님께서는 우리의 죄악 된 행실을 오래 인내하심으로 구원해 주셨습니다. 예수님께서 사랑으로 우리를 오래 참아 주시지 않았다면 우리는 벌써 벼락을 맞았을 것입니다. 그러므로 우리도 이웃을 쉽게 심판하거나 정죄하지 말고 오래 참고 기도해 주어야 할 것입니다.

사랑은 오래 참는 것입니다. 신속하게 안 된다고 해서 성급하게 성을 내고 심판하고 내어 쫓는 등의 일은 하지 않습니다. 부부간의 관계에 있어서도 남편은 아내를 오래 참고 돌보아 주고 아내는 남편의 결점을 오래 참아 주는 것입니다. 이웃과의 관계에서도 서로가 서로를 용납하고 오래 참고 인내하며 기다려 줄 수 있는 것이 사랑인 것입니다.

사랑은 온유합니다

　온유하다는 말은 따뜻하고 부드러운 성품을 말합니다. 사납고 몰인정하거나 무관심하거나 무뚝뚝한 것은 사랑이 아닙니다. 사랑은 우리 삶 가운데 따뜻하고 부드러운 성품으로 표현되어 나타납니다. 마태복음 11장 29절은 "나는 마음이 온유하고 겸손하니 나의 멍에를 메고 내게 배우라 그리하면 너희 마음이 쉼을 얻으리니"라고 말씀합니다. 온유하고 겸손한 마음, 이것이 사랑의 마음입니다.

　사랑은 용서와 긍휼의 관계이므로 따뜻하고 부드럽습니다. 사랑은 율법으로 판단하지 않습니다. 의무를 다하지 못했다고 해서 비난하지 않습니다. 사랑은 언제나 용서하고 불쌍히 여기며 따뜻하고 부드러운 마음으로 대하는 것입니다. 하나님께서는 우리를 너무 사랑하셔서 그 아들 예수님을 십자가에 못 박아 몸 찢고 피를 흘리심으로 우리의 모든 죄, 우리가 다하지 못한 의무를 대신 청산하게 하시고 그리스도를 통해서 부드럽고 따뜻한 사랑을 베풀어 주셨습니다. 하나님께서는 갈보리 언덕에서 예수 그리스도를 통해 은혜의 언약을 맺으시고 사랑과 용서와 긍휼로 우리의 삶을 인도해 가십니다.

갈보리 언약은 예수님께서 우리의 죄를 십자가에서 대신 짊어지심으로 용서하신 사랑의 언약이요, 이 사랑은 용서하고 용납하며, 긍휼히 여기는 마음입니다. 그러므로 우리 주님은 용서와 긍휼을 가지고 우리를 따뜻하게 대해 주시고 부드럽게 대해 주십니다. 우리가 죄를 회개하고 나오면 하나님은 결코 우리를 버리시지 않습니다. 하나님께서는 크고 따뜻하고 부드러운 가슴에 우리를 품어 주시며, 그러한 하나님의 사랑을 받은 우리 역시 언제나 온유하고 부드러운 태도로 사람을 품을 수 있는 것입니다.

부부 관계에 있어서도 아내가 사납게 남편을 대접하고 비평하고 평론한다면 남편이 쉴 곳을 찾지 못할 것입니다. 또 남편이 사나워서 아내에게 냉정하게 대하고 비평적이면 아내가 쉴 곳을 찾지 못할 것입니다. 세상이 아무리 죄 많고 고통스럽고 괴로운 곳이라 할지라도 서로가 서로를 부드럽고 따뜻한 사랑으로 품고 용납해 줄 때, 우리는 마음에 치료와 위로를 받고 살아갈 수 있는 힘과 용기를 얻을 수 있는 것입니다.

사랑은 시기하지 않습니다

 동료나 친구의 출세를 인정할 수 없어서 시기하고 헐뜯는 것은 사랑이 아닙니다. 갈라디아서 5장 25절과 26절은 "만일 우리가 성령으로 살면 또한 성령으로 행할지니 헛된 영광을 구하여 서로 노엽게 하거나 서로 투기하지 말지니라"고 말씀합니다. 사랑에 기초하지 않은 인간관계는 이웃이 잘되면 시기하고 미워합니다. 이해관계(利害關係), 즉 서로 이익과 손해가 걸려 있는 인간관계에서는 시기와 경쟁이 끊이질 않습니다. 경쟁 관계에 있는 사람이 나보다 뛰어날 경우 투기하고 시기하는 것이 어쩌면 당연한 일인지도 모르겠습니다. 그렇기 때문에 '사촌이 논을 사면 배가 아프다.'는 말이 있는 것입니다. 사랑으로 대하지 않고 사람과 사람 사이의 관계가 이해관계로만 이루어진다면 반드시 이웃이 잘못되기를 바라고 잘되면 시기하고 투기하게 되는 것입니다.

 그러나 사랑으로 맺어진 관계는 사랑하는 상대가 잘되는 것을 큰 기쁨으로 생각합니다. 자식이 잘되는 것을 기쁘게 여기지 않는 부모는 없습니다. 자신은 잘못되어도 자식은 잘되어서 성공하면 부모의 마음이 굉장히 기쁘고 흡족한 것입니다. 이처럼 사랑은 시기하지 않습니다. 우리 하나님께서는 우리가 잘되는 것을 시기하지 않으십니다. 오히려 하나님께서는 우리를 사랑하시기 때문에 우리가 누구보다도 잘되기를 바라십니다. 영혼이 잘됨같이 범사에 잘되며 강건하기를 원하시고 우리가 잘될 때 하나님은 손뼉을 치면서 기뻐하시는 것입니다. 이와 같은 사랑을 가지고 우리는 이웃을 대해야 합니다. 이웃이 잘나거나 나보다 잘살거나 행복해 할 때 이를 시기하고 분노해서 그들을 올무에 빠지게 하려는 못된 마음이 있다면 이를 회개해야 됩니다. 이처럼 사랑은 시기하지 않습니다.

사랑은 자랑하지 않습니다

우리는 자기 자랑이 남에게 열등의식을 가져온다는 것을 알아야 합니다. 자신에게 잘난 것이 있다 하더라도 이를 드러내는 것은 좋지 않습니다. 자신을 뽐내면 그렇지 못한 사람들은 상대적으로 열등의식과 좌절감을 느끼게 되고, 이를 통해 시기하는 원수들을 많이 만들어 내게 됩니다.

야고보서 3장 14절에서 16절을 보면 "그러나 너희 마음속에 독한 시기와 다툼이 있으면 자랑하지 말라 진리를 거슬러 거짓말하지 말라 이러한 지혜는 위로부터 내려온 것이 아니요 땅 위의 것이요 정욕의 것이요 귀신의 것이니 시기와 다툼이 있는 곳에는 혼란과 모든 악한 일이 있음이라"고 말씀하고 있습니다.

서로 경쟁 관계에 있을 때에는 자기의 성취를 자랑해서 우쭐댑니다. '나는 너보다 낫다, 나는 너보다 잘했다, 나는 너보다 훌륭하다.'는 식으로 자기 성취를 자랑합니다. 그러나 사랑으로 맺어진 관계에서는 자기를 자랑하는 대신 상대를 높이고 자랑합니다. 사랑의 관계 속에서는 상대편의 장점을 드러내 주고, 상대편을 높여 주고, 상대편을 인정해 주고, 자기는 낮춥니다. 사랑은 자기를 자랑하는 것을 통해 상대에게 열등의식과 좌절감을 갖다 주지 않습니다. 결코 상대에게 열등의식이나 좌절감을 주지 않기 위해서 상대를 돋보이게 만들지 자기를 돋보이게 하지 않습니다. 진정으로 사랑할 때 언제나 자기를 낮추고 희생하는 것입니다. 우리는 자랑이 시기를 일으키고 모든 혼란과 다툼을 가져온다는 것을 알고 자랑하는 것을 삼가야겠습니다. 진정한 사랑은 자랑하지 않습니다.

사랑은 교만하지 않습니다

잠언 16장 18절은 "교만은 패망의 선봉이요 거만한 마음은 넘어짐의 앞잡이니라"고 말씀합니다. 하나님처럼 되고 싶은 인간이 하나님을 반역하고 선악과를 따 먹음으로 에덴에서 쫓겨나 타락하지 않았습니까? 교만은 자기 분수를 모르고 탐욕을 가지고 행하다가 넘어지는 것입니다. 경쟁적인 인간관계 속에서는 자기를 돋보이게 하려고 교만하고 오만하게 행합니다. 그러나 사랑의 관계 속에서는 자기를 낮추고 드러내지 않으며 겸비하게 행합니다. 그렇기 때문에 사랑이 많은 사람일수록 언제나 그 사람과 함께 지내는 것이 편안합니다. 왜 그렇습니까? 자기를 드러내지 않고, 겸비하게 낮추기 때문에 참으로 같이 있기에 편합니다. 그러한 사랑의 태도가 상대방을 편안하게 만드는 것입니다. 그러나 오만하고 교만한 사람과는 같이 있기가 굉장히 불편합니다. 거만한 행동을 통해 상대방을 무시하고 고통을 줌으로 불편하게 만듭니다.

하나님께서는 스스로 겸비해지셔서 사람의 몸을 입고 사람의 모양으로 낮아져 오셨습니다. 십자가에 죽으시기까지 자신

을 희생하셨습니다. 하나님께서는 저 높은 곳에서 우리 인간을 호령하고 짓밟고 발길로 차지 않습니다. 우리 하나님께서는 하나님이심에도 불구하고 육신을 입고 가장 낮고 비천한 모습으로 오셔서 모든 높고 낮은 인간들을 품에 품어 주셨습니다. 그리스도와 우리의 관계는 사랑으로 맺어진 관계입니다. 그러므로 자기를 낮추시고 죽기까지 우리를 사랑해 주신 그리스도의 겸비함 속에서 우리는 편안한 삶을 살 수 있습니다. 하늘과 땅을 지으신 하나님이신 예수를 믿고 하나님께 나오면 그렇게 편안할 수가 없습니다. 진정한 사랑은 교만하게 행하지 않습니다.

사랑은 무례히 행하지 않습니다

상대에 대하여 전혀 무관심하거나 적대적일 때에는 무례한 언어 행동을 합니다. 오늘날 사람들이 얼마나 무례합니까? 예의를 저버리고 행동합니다. 남편이 아내에 대해서 무례하고 아내가 남편에게 대해서 무례한 말을 하면 그 가정은 사랑이 식어지고 결국 깨어지는 것입니다. 이웃 간에라도 서로 예의를 지키고 서로 단정하게 지내면 그 이웃과의 교제가 오래가지만 무례히 행해서 자기주장만 하고 예의에 어긋난 행동을 한다면 이웃과의 관계가 끊어집니다.

사랑은 상대를 존경하기 때문에 상대의 감정에 불쾌감을 주는 행동을 삼가고 언제나 예의 바르게 행동합니다. 남에게 불편을 주고 불쾌감을 줄까 싶어 늘 조심하고 자신의 행동거지를 단정하게 하는 것이 사랑인 것입니다. '남이야 뭐 어떻게 되든 나만 좋으면 된다.'는 생각으로 타인에게 고통을 주거나 불결하고 불쾌한 언어 심사를 하며 도덕적으로 어긋난 생활을 하고 무례한 행동을 하는 사람이 요사이에 얼마나 많은지 모릅니다. 지하철이나 버스 안에서 대중이 모인 자리에서 예의와 질서를 지키지 않는 것은 그 안에 사랑이 없기 때문입니다.

잠언 21장 24절은 "무례하고 교만한 자를 이름하여 망령된 자라 하나니 이는 넘치는 교만으로 행함이니라"고 말씀합니다. 우리가 사랑을 가지고 있다면 사람들을 배려하고 사람들에게 불쾌감을 주지 않습니다. 사랑이 있으면 예의 바르게 행동합니다.

사랑은 자기 유익을 구하지 않습니다

우리는 항상 이웃과 더불어 산다는 것을 잊지 말아야 합니다. 자기만 좋으면 된다고 생각하여 상식에 어긋한 행동을 해서는 안 됩니다. 우리는 정말 사랑이 없는 행위를 많이 합니다. '내게만 좋으면 그만이다. 나만 편하면 된다. 남이야 어떻게 되든지 상관할 것 없다.'고 생각합니다. 그러나 우리는 이웃과 더불어 살아가는 법을 배워야 합니다. 공동의 유익을 도모하는 것이 참된 사랑이지 나 혼자만 좋으면 된다고 하는 태도는 사랑이 아닙니다. 로마서 13장 10절은 말씀합니다. "사랑은 이웃에게 악을 행하지 아니하나니 그러므로 사랑은 율법의 완성이니라". 사랑이 있는 사람은 이웃에게 고통을 가하지 않습니다. 더불어 잘 살기 위해 노력합니다.

평생 남을 위해 사랑의 본을 보인 테레사(Teresa) 수녀를 보십시오. 1997년 9월 5일 88세의 나이로 생을 마감한 그녀가 세운 시설이 무려 17개였습니다. 그녀는 일생 기아와 질병에 시달리는 돌볼 사람 없는 가난한 자들과 매춘여성들과 각종 환자들에게 무한한 사랑을 부어 주었습니다. 테레사 수녀는 세상을 떠날 때 다음과 같은 유언을 남겼습니다. "서로 사랑하십시오. 진정한 사랑은 이것저것을 재지 않습니다. 아무것도 바라지 않고 사랑을 베푸는 것이 진실한 사랑입니다. 사랑은 자기 유익을 구하지 않고 항상 함께 더불어 살 수 있는 그러한 마음을 가지는 것입니다."

또한 사랑은 오히려 자신에게 있는 것을 주는 것입니다. 사랑은 사랑하는 대상을 위하여 자기를 희생하는 것입니다. 남에게 받으려고만 한다면 그것은 사랑이 아닙니다. 'give me, give me.'의 자세는 사랑이 아닙니다. "하나님이 세상을 이처럼 사랑하사 독생자를 주셨으니"라는 요한복음 3장 16절의 말씀처럼 하나님도 우리를 사랑하셔서 독생자 예수님을 십자가에 내어 주셨습니다. 사랑은 조건 없이 상대방의 유익을 위해 순수하게 내어 주는 것입니다. 아내가 남편을 사랑하여 남편의 유익을 위해서 자신을 내어 주는 것과 같이 또한 남편이 아내를 사랑하여 아내의 유익을 위해 자신을 내어 주는 것과 같이, 사랑은 순수하게 주는 것입니다.

주는 삶에는 희생이 따릅니다. 사랑하는 대상에게 시간을 주고, 물질을 주고, 봉사를 주고, 자신의 노력을 통해서 상대를 행복하게 만드는 것이 바로 사랑입니다. 사랑은 자기의 유익을

구하지 않는 희생적인 것입니다. 자기중심적인 삶을 살면서 사랑을 요구하는 이기적인 마음은 결코 사랑이 아닙니다.

사랑은 성내지 않습니다

사람이 성을 내면 타인은 고통을 받고 성을 내는 당사자는 비천해집니다. 성을 잘 내는 남편이 있으면 아내와 자식들, 주변의 사람들이 전부 고통을 당합니다. 그리고 성을 내는 그 당사자는 인격이 아주 비천해지고 비열해 보이게 됩니다. 성을 냄으로 분위기를 망쳐 놓고 행복을 짓밟아 버리는 그런 가정들이 얼마나 많습니까? 쉽게 성내는 남편, 쉽게 성내는 아내, 쉽게 성내는 자녀들을 가지고 있으면 가정의 분위기는 엉망이 되어 버리고 마는 것입니다. 야고보서 1장 19절과 20절은 "내 사랑하는 형제들아 너희가 알지니 사람마다 듣기는 속히 하고 말하기는 더디 하며 성내기도 더디 하라 사람이 성내는 것이 하나님의 의를 이루지 못함이라"고 말씀하고 있습니다.

사람이 성을 내면 하나님의 의를 이루지 못합니다. 모세는 물을 달라고 요구하는 이스라엘 백성들 앞에서 성을 내며 반석을 쳐서 물을 내었습니다. 물은 나왔지만 성을 냈기 때문에 하나님께서 모세와 아론에게 "너희가 나를 믿지 아니하고 이스라엘 자손의 목전에서 내 거룩함을 나타내지 아니한 고로 너희는 이 회중을 내가 그들에게 준 땅으로 인도하여 들이지 못하리라"(민 20:12)고 단호하게 말씀하셨습니다. 모세같이 위대한 사람도 백성들 앞에서 성을 내자 하나님께서는 가나안 땅에 들어가지 못하도록 하셨습니다. 진정한 사랑은 아무리 화가 나는 상황이라 해도 성내지 않는 것입니다.

사랑의 관계는 항상 용서와 불쌍히 여기는 마음을 가지고 있기 때문에 잘못을 한다 해도 이를 불쌍히 여기고 안타깝게 여겨 타이르고 고치려 하지 성내지 않습니다. 부모는 자식에게 성내지 않습니다. 왜냐하면 부모는 언제나 자식을 불쌍히 여기는 마음으로 바라보기 때문입니다. 그러므로 자식이 분명히 잘못했음에도 불구하고 자식을 용서하고 감싸주려고 하는 것은 불쌍히 여기는 마음이 있고 사랑하는 마음이 있기 때문인 것입니다. 사랑의 관계는 언제나 용서하고 긍휼히 여깁니다. 사랑은 성내지 않습니다. 오직 안타까워할 따름입니다.

사랑은 악한 것을 생각지 아니합니다

    생각은 사람의 인격을 담는 그릇입니다. "그 마음의 생각이 어떠하면 그 위인도 그러한즉"(잠 23:7)이라는 말씀이 있습니다. 잠언 4장 23절은 "모든 지킬만한 것 중에 더욱 네 마음을 지키라 생명의 근원이 이에서 남이니라"고 말씀하고 있습니다. 그렇기 때문에 우리는 악한 생각을 하면 악한 사람이 된다는 것을 알고 자신의 생각이 어떠한가에 늘 관심을 가져야 합니다. 새가 머리 위로 날아다니는 것을 막을 수는 없지만 새가 머리 위에 앉아서 둥지를 트는 것은 막아야 하는 것처럼, 마귀가 우리 머리 위로 날아다니는 것은 어쩔 수 없지만 마귀가 온갖 악한 생각을 집어넣기 위해서 내 머리 위에 올라앉는 것은 막아야 합니다.

    요사이는 TV 보기가 겁이 납니다. 너무나 흉악하고 악한 일들이 영상 매체를 통해서 쏟아져 나오기 때문입니다. 글, 그림, 영상 매체, 인터넷 등을 통해서 온갖 음란하고 방탕하고 세속적이고 흉악한 것들이 많이 나옵니다. 비록 이러한 것이 우리 사회에 꽉 들어찬다고 할지라도 악한 생각이 우리 마음속에 들어오지 못하도록 물리치는 것이 사랑입니다. 사랑은 악한 것을 생각하지 않는 것입니다. 사랑하는데 어떻게 악한 것을 생각합니까? 어떻게 사랑하는 남편이 못되기를 바랍니까? 어떻게 사랑하는 아내를 괴롭힙니까? 어떻게 사랑하는 자식이 올무에 빠지도록 만듭니까? 어떻게 사랑하는 이웃이 불행하기를 바랍니까? 사랑은 이웃에 대해서 악을 품지 않습니다. 사랑은 언제나 선한 것을 생각합니다.

사랑은 불의를 기뻐하지 않습니다

사랑은 정의의 꽃입니다. 불의한 곳에는 미움과 다툼이 있을 뿐, 사랑이 없습니다. 탐욕은 인간을 불의하게 만듭니다. 욕심이 생기면 그 욕심을 성취하기 위해서 법도 버리고, 도덕도 버리고, 윤리도 버리고, 그리고 불의를 행합니다. 탐욕은 언제나 불의를 양산(量産)해 냅니다. 야고보서 1장 14절과 15절은 "오직 각 사람이 시험을 받는 것은 자기 욕심에 끌려 미혹됨이니 욕심이 잉태한즉 죄를 낳고 죄가 장성한즉 사망을 낳느니라"고 말씀합니다. 그렇기 때문에 사람이 자기 분수를 따라 사

는 것이 얼마나 좋은지 모릅니다. 분수를 뛰어 넘으면 현실이 불안하고 불행하고 고통스러워서 더 얻으려고 온갖 부정과 부패를 행하는 것입니다.

그러나 사랑은 남을 이용하여 자기 유익을 구하지 않기 때문에 인간관계에서 의롭지 못한 행동은 하지 않습니다. 이웃을 진정으로 사랑한다면 탐욕 때문에 이웃의 소유를 빼앗거나 불의하게 짓밟고 고통을 주면서까지 자신의 이익을 추구하지 않습니다. 이웃을 사랑하는 사람은 절대로 불의를 행하지 않습니다. 의롭고 정당하게 삽니다. 오히려 내게 있는 것을 나누면서 삽니다.

사랑은 진리와 함께 기뻐합니다

사랑은 거짓말과 거짓된 행위를 기뻐하지 않습니다. 사람들이 얼마나 거짓말을 많이 하고 거짓된 행동을 많이 합니까? 사람이 한번 거짓말을 하면 그다음에는 참말을 해도 믿지 않습니다. 어떤 사람이 이런 질문을 했습니다. "목사님, 거짓말을 하는 것이 왜 나쁩니까?" 저는 "거짓말을 하면 나중에 그 사람이 참말을 해도 안 믿어 주기 때문입니다."라고 말했습니다. 일단 거짓말을 하면 나중에 그 사람이 진실하게 참말을 해도 안 믿어 줍니다. 한번 믿을 수 없는 사람이 되면 마침내 버림받고 마는 것입니다. 이러므로 사랑은 거짓말과 거짓 행위를 기뻐하지 않습니다. 사랑은 속이지 않습니다.

에베소서 4장 25절은 "그런즉 거짓을 버리고 각각 그 이웃과 더불어 참된 것을 말하라 이는 우리가 서로 지체가 됨이라"고 말씀합니다. 이 세상에 진리를 따라 살면 손해를 보고 유익이 없다고 생각하는 사람이 많지만 결국 거짓은 불신을 가져오고 불신은 파멸을 가져옵니다. 사랑은 진리 편에 서서 진리와 함께 기뻐하는 것입니다.

마귀는 거짓의 아비이므로 마귀의 지배하에 있으면 항상 거짓 가운데 살게 됩니다. 오늘날은 온 세상이 악한 자에게 속해 있으므로 거짓이 꽉 들어차 있습니다. 마귀는 사람이 태어나서 죽으면 없어진다고 말합니다. 그러므로 이 세상에 사는 동안에 육신의 정욕, 안목의 정욕, 이 세상 자랑만 따라서 살면 된다고 거짓을 말합니다. 이 거짓에 솔깃한 사람들은 하나님을 저버리고 예수님을 믿지 않고 이 세상의 풍속을 따라 살아갑니다. 그러나 종국적으로 거짓말은 처참한 파탄을 가져옵니다.

육신의 장막이 무너지고 영혼은 심판받아 영원한 지옥 불에 떨어지게 되는 것입니다.

그러나 진리는 오늘날 우리가 어디에서 와서 왜 살며 어디로 가는지를 깨닫게 해 주고 예수 그리스도를 믿어 죄 사함을 받지 않으면 영원히 멸망 받는다는 점을 우리에게 경고해 주고 있는 것입니다. 하나님은 진리이시고 하나님은 사랑이십니다. 그렇기 때문에 사랑 가운데 들어오면 진리를 사랑하게 되고 진리 가운데 들어오면 사랑을 받아들이게 되는 것입니다. 하나님은 사랑임과 동시에 진리이시기 때문입니다. 그렇기 때문에 우리 안에 사랑이 있으면 참된 것을 사랑하고 거짓을 미워하는 것입니다.

사랑은 모든 것을 참으며 모든 것을 믿으며 모든 것을 바라며 모든 것을 견딥니다

본 구절은 사랑의 총 결론에 해당하는 말씀입니다. 사랑은 종국적인 선을 바라보고 결국에 가서는 하나님께서 함께 계심으로 합동하여 유익이 될 것을 기대하며 현재의 어려움과 시련과 환난에 굽히지 않고 인동초(忍冬草)처럼 끝까지 참고 믿고 견디어 냅니다. 사랑은 모든 것을 바라고 믿고 오래 참는 것입니다. 성급하게 서두르고 재촉하는 것은 사랑이 아닙니다. 종국적으로 모든 문제 앞에서 좋아질 것을 믿는 긍정적인 태도를 가지는 것이 사랑입니다. 사랑은 끝까지 견디며 쉽게 낙심하거나 포기하거나 절망하지 않습니다.

저는 이런 이야기를 들어 보았습니다. 일본 사람들은 집을 지을 때 바깥벽과 안벽을 각각 흙으로 세우고 두 벽 사이에 공간을 터놓습니다. 한 일본 사람이 자신이 살고 있는 집이 헐어서 이를 보수하기 위해 벽을 뜯어보니 도마뱀 한 마리가 벽 뒤편에서 못에 박힌 채 매달려 있는 것이었습니다. 알고 보니 10년 전 그 벽을 만들 때 못을 박았는데 그만 못이 도마뱀의 꼬리 윗부분을 뚫고 지나간 것입니다. 그래서 그 도마뱀은 벽 안에서 10년 동안을 꼼짝도 못하고 갇혀 있었던 것입니다. 사람들은 도대체 도마뱀이 꼬리에 못이 박힌 채 어떻게 10년 동안 살 수 있었는가를 생각하며 의아해했습니다. 그런데 가만히 살펴보니 못 박힌 도마뱀이 수컷이었는데 암 도마뱀이 10년 동안 먹이를 가져다주어서 살아남을 수 있었던 것이었습니다. 하찮은 도마뱀도 동료가 살아날 것을 기대하고 오래 인내하면서 10

년 동안을 한결같이 먹을 것을 갖다 주고 돌보아 주었는데 우리 사람들이야 말할 것도 없지 않겠습니까?

이와 같이 인내심과 절대긍정의 믿음을 가지고 꿋꿋하게 살아나가는 태도가 바로 사랑입니다.

사랑은 이처럼 심오합니다. 우리의 가슴속에 예수 그리스도의 사랑이 들어오면 지금까지 살펴본 바와 같은 사랑의 성품이 삶 가운데 살아 역사하게 되는 것입니다. 결국 모든 행복의 기초가 사랑에 있기 때문에 사랑이 없다면 부귀와 영화와 공명, 권력이 있어도 그것은 헛되고 헛되며 무가치하고 의미가 없는 것이 되는 것입니다. 사랑은 우리 삶의 근본이며 본질에 해당합니다.

요한일서 4장 8절은 "사랑하지 아니하는 자는 하나님을 알지 못하나니 이는 하나님은 사랑이심이라"고 말씀합니다. 또 로마서 5장 5절은 "소망이 우리를 부끄럽게 하지 아니함은 우리에게 주신 성령으로 말미암아 하나님의 사랑이 우리 마음에 부은 바 됨이니"라고 말씀합니다.

하나님께서는 못되게 굴고 죄짓고 반역하고 반항하고 추악하고 더러운 인생들을 사랑하사 예수님을 보내셔서 십자가에 못 박아 몸을 찢고 피를 흘리게 하심으로 구원하신 것입니다. 이것이 하나님의 사랑입니다. 우리가 이 하나님을 우리의 전 존재를 다해 사랑해야 합니다.

그리고 하나님께 받은 사랑과 은혜에 보답하는 길은 우리의 이웃을 사랑하는 것입니다. 하나님 사랑과 이웃 사랑은 서로 분리될 수 없습니다. 마태복음 22장 37절에서 39절까지의 말씀을 보면 예수님께서는 "네 마음을 다하고 목숨을 다하고 뜻을 다하여 주 너의 하나님을 사랑하라" 그리고 "네 이웃을 네 자신같이 사랑하라"고 말씀하셨습니다. 하나님을 사랑하는 것과 형제에 대한 사랑은 등식(=)으로 연결되어 있습니다. 이에 대해 요한일서 4장 20절과 21절 역시 말씀합니다. "누구든지 하나님을 사랑하노라 하고 그 형제를 미워하면 이는 거짓말하는 자니 보는바 그 형제를 사랑하지 아니하는 자는 보지 못하는바 하나님을 사랑할 수 없느니라 우리가 이 계명을 주께 받았나니 하나님을 사랑하는 자는 또한 그 형제를 사랑할지니라".

우리는 하나님을 사랑하는 것은 누구나 다 할 수 있다고 말합니다. 그러나 이웃에 대해서는 어떻습니까? 성경은 눈에 안 보이는 하나님을 사랑한다고 하면서 눈에 보이는 형제를

사랑하지 못하면 하나님을 사랑한다는 말이 거짓말이라고 말합니다. 이 말씀을 대할 때 우리는 마음속에 많은 갈등을 느낍니다. 우리는 하나님을 사랑할 수 있어도 못난 이웃은 사랑할 수 없다고 생각합니다. 그러나 그럼에도 불구하고 사랑해야 합니다.

저도 늘 이러한 갈등 때문에 힘들어 했습니다. "하나님, 저 사람만은 도저히 사랑할 수 없습니다. 그러나 눈에 보이는 이웃을 사랑해야 하나님을 사랑하는 것이라고 하니, 제 힘으로는 도저히 사랑할 수 없지만 그럼에도 불구하고 사랑합니다. 제게 사랑할 힘을 주옵소서.", "아이고, 저놈의 자식! 하나님, 용서해 주시옵소서. 이웃을 미워하면 결국 하나님을 미워하는 것이라고 하는데, 어떡합니까? 하나님, 용서하여 주시옵소서. '우리가 우리에게 죄지은 자를 사하여 준 것같이 우리의 죄를 사하여 주옵소서.' 라고 했는데, 내가 용서하지 못하면 내 죄도 사함받지 못합니다." 저는 늘 이런 갈등으로 고민하는 경우가 많습니다. 사랑을 해야 되겠는데 사랑을 할 수 없는 자신을 생각할 때 고민이 됩니다. 하나님 앞에 기도만 하면 하나님께서 자격 없는 저를 사랑하신다는 것이 큰 감동으로 다가옵니다. 그런데 꼬락서니 사나운 녀석도 사랑하라고 하시니 마음에 갈등이 생기지요. 우리가 세상에 살면서 미운 사람이 없을 수가 없습니다. 미운 사람이 있고 싫은 사람이 있고 보기 싫은 사람이 있고 쥐어박고 싶은 사람이 많습니다. 그러한 것은 우리들이 일반적으로 느끼는 감정입니다. 그럼에도 불구하고 우리는 사랑해야만 합니다. 그리고 "오, 주 예수여! 제게 사랑을 실천하며 살게 하여 주옵소서."라고 도움을 구하는 기도를 해야 합니다.

우리는 사랑할 수 없는 사람을 대할 때 항상 자신을 타일러야 합니다. '그래도 사랑해야지.' '이놈의 자식 당장 죽여 버리고 싶다, 그래도 사랑해야지.', '그 자식 다시는 만나기 싫다, 그래도 사랑해야지.' '원수야, 원수야! 뭐 저런 원수가 있나, 그래도 사랑해야지.' 여러분, 어떠한 경우든 그래도 사랑해야 합니다. 원수가 주리거든 먹이고 목마르거든 마시우라고 했는데 원수가 주리고 목마른데 어떻게 마시웁니까? '주여, 나는 못합니다, 그래도 사랑해야지. 주께서 사랑을 부어 주시옵소서.' 이렇게 다짐하고 기도해야 합니다. 사랑만이 최후의 승리와 행복과 기쁨과 삶의 가치와 영광을 가져오기 때문입니다.

여러분, 우리가 행복하기 위해서, 우리가 기쁘기 위해서, 우리가 잘 살기 위해서라도 사랑을 해야만 하는 것입니다. 남

에게 유익을 주기 위해서이기도 하지만 먼저 내 자신이 기쁘고 행복하게 살 수 있도록 사랑을 해야 하는 것입니다. 이 사랑은 예수 그리스도로 말미암아 성령이 우리 마음에 부은 바 되는 것입니다. 여러분이 마음의 태도와 자세만 올바르게 가지면 하나님께서는 사랑을 공급하여 주십니다. 그리고 늘 자신을 타일러야 합니다. '그래도 사랑해야지.' 그러면 주님께서 여러분에게 성령으로 말미암아 사랑을 부어 주실 것입니다. 주님의 사랑을 받아서 우리는 늘 사랑하면서 살아야 되는 것입니다. 사랑하며 사는 그곳에 믿음도 소망도 행복도 있고 기쁨도 있고 성공도 다가오게 되는 것입니다.

나아가서 우리는 우리 주변의 소외된 이웃들에게도 사랑을 실천함으로 하나님께 받은 사랑에 보답할 수 있습니다.

마태복음 25장 34절에서 40절은 말씀합니다. "그때에 임금이 그 오른편에 있는 자들에게 이르시되 내 아버지께 복 받을 자들이여 나아와 창세로부터 너희를 위하여 예비된 나라를 상속 받으라 내가 주릴 때에 너희가 먹을 것을 주었고 목마를 때에 마시게 하였고 나그네 되었을 때에 영접하였고 헐벗었을 때에 옷을 입혔고 병들었을 때에 돌보았고 옥에 갇혔을 때에 와서 보았느니라 이에 의인들이 대답하여 이르되 주여 우리가 어느 때에 주께서 주리신 것을 보고 음식을 대접하였으며 목마르신 것을 보고 마시게 하였나이까 어느 때에 나그네 되신 것을 보고 영접하였으며 헐벗으신 것을 보고 옷 입혔나이까 어느 때에 병드신 것이나 옥에 갇히신 것을 보고 가서 뵈었나이까 하리니 임금이 대답하여 이르시되 내가 진실로 너희에게 이르노니 너희가 여기 내 형제 중에 지극히 작은 자 하나에게 한 것이 곧 내게 한 것이니라 하시고".

마지막 때에 주님께서 심판하실 때 주님을 사랑한 증거를 이웃을 사랑하고 섬기는 모습 속에서 찾으시는 것입니다. 사람들은 흔히 이렇게 생각할 수 있습니다. '나는 예수님만 사랑하지 저 거지하고는 상관없다. 저 병든 자와는 상관없다. 저 노숙자가 나와 무슨 상관이 있나? 감옥에 갇힌 자가 나와 무슨 상관 있는가? 나는 예수님만 사랑하면 되었지.' 그러나 주님은 아니라는 것입니다. 예수님을 사랑하면 예수님을 어디에서든 찾아낼 수 있습니다. 감옥에 갇힌 자, 병든 자, 노숙자, 굶주린 자, 소외된 자, 버림받은 사람들 속에서 예수님을 찾아낼 수 있습니다. 그들을 섬기고 사랑하는 마음을 가지고 이천 년 전으로 돌아가 그 동일한 사랑으로 예수님을 사랑하고 섬길 수 있다는 것입니다. 그러므로 여러분, 우리가 예수님을 마음속에 섬긴다

고 하면서 이웃 사랑하기를 등한히 한다면 그것은 잘못된 위선이 되고 마는 것입니다.

오늘날 우리의 주변을 둘러볼 때 우리 주위에 얼마나 많은 노숙자가 있으며 얼마나 많은 굶주린 어린아이들이 있으며 얼마나 많은 병든 자, 외로운 자, 소외된 자가 있습니까? 그들에게 무관심할 수가 없습니다. 저 사람들이 다 예수님인 것입니다. 그분들이 예수님이시라면 우리가 찾아가 사랑으로 섬기지 않을 수 없습니다. 예수님은 우리를 위해서 몸을 찢고 피를 흘려주셨는데 그 큰 사랑에 빚진 우리가 지상에 있는 예수님을 무시할 수가 없잖습니까? 여러분, 예수님을 다른 데서 찾지 말고 이 사회의 부조리 속에서, 바로 저 굶주린 자, 병든 자, 버림받은 자, 노숙자, 악한 사람들, 죄인들 속에서 찾으십시오. 이런 사람들을 예수님을 대접하듯이 대접하는 삶을 살게 되시기를 바랍니다.

도산 안창호 선생은 생전에 이런 말을 했습니다. "아무리 많은 지식을 가지고 있는 사람이라도 그에게 참된 사랑의 정신이 없다면 그 지식은 세상을 해칠 뿐 절대로 유익을 주지 않습니다. 우리는 사랑의 정신을 지녀야 합니다. 사랑이 없는 지식이 무슨 소용 있겠습니까?" 간디(Mohandas Karamchand Gandhi)

역시 "굶주린 배를 안고 잠자리에 들어갈 수밖에 없는 사람에게 하나님을 납득시킬 수 있는 유일한 방법은 빵을 주는 것이다."라고 말했습니다. 배고파 울며 잠자리에 들어가는 사람에게 하나님을 믿으라고 천 번을 말한들 무슨 소용이 있겠습니까? 하나님의 이름으로 빵 한 조각 주는 것이 그 사람을 하나님께로 인도할 수 있는 유일한 방법이 되는 것입니다. 어거스틴(Aurelius Augustinus)은 "사랑은 어떻게 생겼는가! 다른 이들을 돕는 손이 있고 가난하고 궁핍한 사람들에게 찾아가는 발이 있으며 비참하고 곤고한 것을 보는 눈이 있고 한숨과 슬픔의 소리를 들을 수 있는 귀가 있다. 이것이 바로 사랑의 모습이다."라고 말하였습니다.

이제 예수님을 천국 보좌에서만 찾지 말고 기도원 굴에서만 찾지 말고 내 주변의 가난하고 헐벗고 굶주리고 버림받고 소외된 이웃들 속에서 예수님을 찾고 그 속에 있는 예수님을 섬기는 여러분이 되시기를 주의 이름으로 축원합니다. 그럴 때 참으로 여러분은 하나님을 사랑하고 또 이웃을 사랑하는 실천적인 신앙인이 될 수 있는 것입니다. 그렇게 되어야 하늘나라가 임하시고 하나님의 영광이 나타나는 것입니다.

"어느 때나 하나님을 본 사람이 없으되 만일 우리가 서로 사랑하면 하나님이 우리 안에 거하시고 그의 사랑이 우리 안에 온전히 이루어지느니라"(요일 4:12).

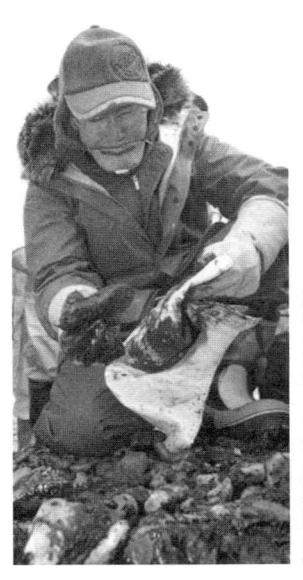

2007년 12월 사상 최악의 유조선 기름 유출 사고를 입은 서해안 지역에서 기름때 제거 작업을 하고 있는 장면

행복 나눔

참으로 복된 삶의 비결 (눅 6:38)
소박한 행복 (빌 4:4-7)
행복한 생활의 조건 (갈 6:7-10)
남에게 대접을 받고자 하면 (마 7:12)

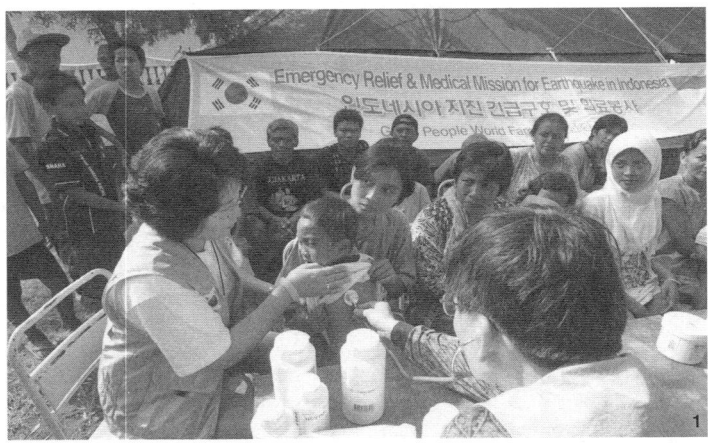

1 2006년 5월, UN 최초의 NGO 재난구조단으로 등록된 '(사)굿피플 재난구조단' 의 인도네시아 자카르타 지진 피해 지역 긴급 구호 활동 현장
2 2007년 12월 4일, '평양조용기심장전문병원' 착공식 장면

참으로 복된 삶의 비결

"주라 그리하면 너희에게 줄 것이니 곧 후히 되어 누르고 흔들어 넘치도록 하여 너희에게 안겨 주리라 너희가 헤아리는 그 헤아림으로 너희도 헤아림을 도로 받을 것이니라" (눅 6:38)

사람들은 누구나 복된 삶을 원합니다. 복된 삶이란 어떤 것이며 복된 삶을 살기 위한 비결은 무엇일까요? 이에 대한 답을 얻으려면 무엇보다 먼저 우리에게 복을 후하게 그리고 흔들어 넘치도록 안겨 주기를 원하시는 하나님에 대해 알아야 합니다.

하나님께서는 천하 만물에게 생명을 주시는 생명의 근원이시며 본질이 사랑이십니다. 하나님께서는 살리시는 분이시고 만복의 근원이 되십니다. "우주에서 가장 행복하신 분은 누구일까?"라고 묻는다면 당연히 하나님이시라 말할 수 있습니다. 왜냐하면 하나님께서는 우리에게 끊임없이 사랑과 용서와 은혜를 베푸시고 나누어 주시는 것만으로도 만족하시고 행복하시기 때문입니다. 디모데전서 6장 17절에서는 "네가 이 세대에서 부한 자들을 명하여 마음을 높이지 말고 정함이 없는 재물에 소망을 두지 말고 오직 우리에게 모든 것을 후히 주사 누리게 하시는 하나님께 두며"라고 말씀하고 있습니다.

우리가 모든 것을 풍성하게 누리도록 하시는 사랑의 하나님을 알게 되었다면, 이제는 하나님께 받은 사랑을 삶 가운데 어떻게 실천해야 하는지에 대해서도 구체적으로 생각해 보아야 합니다. 우리 모두가 하나님의 사랑을 구체적으로 실천할 때 하나님께서 주시는 놀라운 은혜를 풍성히 누리며 참으로 복된 삶을 살아갈 수 있기 때문입니다.

주는 삶

사도행전 20장 35절에서는 "범사에 여러분에게 모본을 보여준 바와 같이 수고하여 약한 사람들을 돕고 또 주 예수께서 친히 말씀하신바 주는 것이 받는 것보다 복이 있다 하심을 기억하여야 할지니라"고 말씀하고 있습니다. 왜 주는 자가 복을 받습니까? 주는 것으로 말미암아 사랑이 나타나기 때문입니다. 사랑은 가만히 앉아서 기다린다고 나타나는 것이 아닙니다. 나의 헌신과 희생을 통해 이웃을 돌보아 주는 실천이 있을 때 사랑이 구체적으로 나타납니다.

요한복음 3장 16절에서는 "하나님이 세상을 이처럼 사랑하사 독생자를 주셨으니 이는 그를 믿는 자마다 멸망하지 않고 영생을 얻게 하려 하심이라"고 말씀하고 있습니다. 하나님이 우리를 사랑한다고 하셨는데 그것을 어떻게 알 수 있습니까? 하나님께서 독생자 예수님을 우리에게 보내 주셔서 희생 제물로 삼으신 그 행위를 통해서 우리를 향한 하나님의 사랑을 알 수 있습니다. 그러므로 로마서 5장 8절은 "우리가 아직 죄인 되었을 때에 그리스도께서 우리를 위하여 죽으심으로 하나님께서 우리에 대한 자기의 사랑을 확증하셨느니라"고 말씀하고 있습니다.

또한 예수님께서 우리를 얼마나 사랑하시는지 어떻게 알 수 있습니까? 예수님께서는 우리들이 짊어져야 할 죄를 대속하시기 위해서 십자가에 달리시고 생명을 바치셨습니다. 채찍에 맞아 몸이 부서지고 살점이 떨어져 나가는 고통을 당하시고 마침내 십자가에 못 박혀 모든 피를 흘리심으로 우리를 구원해 주셨습니다. 이 은혜를 생각할 때 우리를 향한 예수 그리스도

의 사랑을 알 수 있습니다. 요한일서 4장 10절은 "사랑은 여기 있으니 우리가 하나님을 사랑한 것이 아니요 하나님이 우리를 사랑하사 우리 죄를 속하기 위하여 화목 제물로 그 아들을 보내셨음이라"고 말씀하고 있습니다.

성령님께서 우리를 사랑하시는 것을 어떻게 알 수 있습니까? 2천 년 전에 하늘 보좌를 떠나 우리에게 오신 성령님은 지금까지 교회와 성도들 안에 임재하고 계십니다. 성령님께서 항상 우리에게 있는 인생의 무거운 짐을 대신 걸머지고 도와주시기 때문에 이를 통해 우리를 사랑하시는 것을 알 수 있습니다.

성령님의 도우심 속에는 마치 어머니의 손길처럼 따스한 사랑이 담겨 있습니다. 우리는 어린 시절에 우리를 지극 정성으로 돌보시던 어머니의 따스한 손길을 생각할 때마다 어머니의 소중한 사랑을 깨달아 알 수 있습니다. 성령님의 사랑도 마찬가지입니다. 우리가 하는 기도와 말씀 묵상과 회개와 헌신과 같은 일상의 모든 일들이 성령님의 자상한 손길을 통해서 이루어지기 때문에 이러한 세밀한 은혜를 경험할 때면 성령님께서 우리를 얼마나 사랑하시는지 알 수 있습니다. 요한일서 4장 13절에서는 "그의 성령을 우리에게 주시므로 우리가 그 안에 거하고 그가 우리 안에 거하시는 줄을 아느니라"고 말씀하고 있습니다.

하나님은 사랑과 행복과 기쁨의 근원이 되십니다. 하나님은 사랑이시기 때문에 그 사랑을 받아 누리는 우리에게는 행복이 있고 기쁨이 있습니다. 요한일서 4장 16절에서는 "하나님이 우리를 사랑하시는 사랑을 우리가 알고 믿었노니 하나님은 사랑이시라 사랑 안에 거하는 자는 하나님 안에 거하고 하나님도 그의 안에 거하시느니라"고 말씀하고 있습니다.

'하나님을 본 사람이 없는데 어떻게 그렇게 말할 수 있습니까?' 라는 질문을 던질 수 있습니다. 그러나 하나님은 사랑이시므로 사랑이 있는 곳에는 하나님이 계십니다. 요한일서 4장 12절은 "어느 때나 하나님을 본 사람이 없으되 만일 우리가 서로 사랑하면 하나님이 우리 안에 거하시고 그의 사랑이 우리 안에 온전히 이루어지느니라"고 말씀하고 있습니다. 우리가 작열하는 태양이 보이지 않아도 햇빛이 비치는 것을 통해 태양이 떠올라 있다는 것을 아는 것처럼, 우리의 마음속에 사랑이 있고 우리가 이웃에게 사랑을 실천하게 되면 그 사랑의 자리가 바로 하나님이 계신 곳이 됩니다. 하나님은 사랑이시므로 사랑이 실천되는 곳에 항상 함께하십니다.

'밀림의 성자' 로 잘 알려진 독일의 알버트 슈바이처(Albert

Schweitzer) 박사는 아프리카를 위해 일생을 바쳤습니다. 그의 삶 속에는 늘 하나님이 함께 계셨습니다. 슈바이처 박사는 목사이자 교수이며, 철학·신학·의학 박사이며 문필가였습니다. 그런 그가 모든 부와 명예를 포기하고 열악한 환경 가운데 있는 아프리카에서 봉사했던 이유가 무엇일까요? 슈바이처는 많은 사람들이 이러한 질문을 할 때마다 "저는 말솜씨로 사람을 감동시킬 만한 재주가 없습니다. 아무리 사랑을 설명하려고 해도 표현할 방법이 없습니다. 그래서 사랑을 행동으로 실천하려고 이곳에 왔습니다. 저는 사랑을 실천하면서 건강과 행복도 선물로 받았습니다."라고 답변했다고 합니다. 그는 91세까지 헌신적으로 사랑을 실천하다가 1965년 9월 4일 그가 그토록 사랑했던 아프리카 가봉 땅에 묻혀 영원한 안식에 들어갔습니다.

아프리카의 영혼들을 위해 일생을 바친 슈바이처의 삶은 하나님의 사랑을 실천하는 삶이었습니다. 비록 문명에서 멀리 떠난 아프리카의 정글에 있었지만 그가 사랑을 실천하는 그 가운데 하나님께서 함께하심으로 그의 삶은 행복과 기쁨과 즐거움으로 넘쳤습니다. 시편 16편 11절에서는 "주께서 생명의 길을 내게 보이시리니 주의 앞에는 충만한 기쁨이 있고 주의 오른쪽에는 영원한 즐거움이 있나이다"라고 말씀하고 있습니다. 이처럼 하나님께서 함께하시는 삶에는 넘치는 기쁨과 보람과 즐거움이 있습니다. 슈바이처의 인생이 비록 사람들의 눈에는 너무나 고통스럽고 희생적인 삶을 사는 것 같아 보였지만 실제로 그는 행복하고 기쁘고 만족스러웠습니다.

테레사(Teresa) 수녀는 콜카타(옛 지명: 캘커타)의 더럽고 냄새나는 비참한 빈민굴에서 일생을 보냈습니다. 그녀는 그곳에서 병들고 가난하여 죽어가는 사람들을 돌보고 위로하고 용기와 힘을 주며 살았습니다. 다른 사람들이 보기에는 너무나 외롭고 희생이 큰 삶이었습니다. 그러나 테레사 수녀에게는 큰 기쁨과 행복과 만족함이 있었습니다.

왜 이처럼 역설적인 일들이 일어날까요? 이는 하나님은 사랑이시기 때문입니다. 사랑을 실천하는 곳에 하나님께서 함께하시기 때문에 고통과 죽음이 엄습하는 곳에서 헌신적인 봉사를 하면서도 기쁨과 행복을 느끼는 역설적인 삶이 가능할 수 있었던 것입니다. 테레사 수녀는 사랑을 실천함으로 하나님과 함께했고, 하나님께서 그녀와 함께하시므로 기쁨이 충만하고 즐거움이 넘쳐 다른 사람이 알지 못하는 행복을 그 마음속에 느낄 수가 있었습니다.

사랑 가운데 하나님이 계시고, 하나님이 계시면 행복하고 기쁠 수밖에 없습니다. 그렇기 때문에 사랑이 없는 자리는 그곳이 아무리 풍족하고 아름다울지라도 진정한 기쁨과 행복을 찾아볼 수 없습니다. 고린도전서 13장 3절은 "내가 내게 있는 모든 것으로 구제하고 또 내 몸을 불사르게 내줄지라도 사랑이 없으면 내게 아무 유익이 없느니라"고 말씀하고 있습니다. 좋은 집을 짓고 호의호식(好衣好食)하는 것이 행복이라고 생각하지 마십시오. 진정한 행복은 하나님의 사랑 안에서 누릴 수 있습니다. 하나님의 사랑이 없어도 행복할 수 있다고 생각하는 것은 대단히 위험한 착각입니다. 하나님 앞에 기쁨이 충만하고 그 우편에 즐거움이 넘치기 때문에 하나님의 사랑이 없는 환경은 아무리 아름답게 꾸며도 그 속에는 기쁨과 행복이 없습니다.

오늘날 물질문명이 눈부시게 발전함으로써 사람들은 물질적으로 풍요롭고 행복하게 사는 것 같지만, 실제로는 마음속에 의와 평강과 희락, 믿음과 소망과 사랑이 상대적으로 빈곤하게 살았던 시절에 비해 많이 사라졌음을 보게 됩니다. 가난과 절망의 상황에서 하나님을 붙들며 살았던 많은 사람들이 물질적인 풍요를 누리기 시작하면서 하나님을 멀리하고 떠났기 때문입니다. 시편 127편 1절에서 "야훼께서 집을 세우지 아니하시면 세우는 자의 수고가 헛되며 야훼께서 성을 지키지 아니하시면 파수꾼의 깨어 있음이 헛되도다"라고 말씀하고 있는 것처럼, 사람이 제 힘으로 아무리 열심히 살려고 하여도 하나님께서 함께하시지 않으면 그 수고는 결국 헛된 일이 되고 맙니다. 그러므로 하나님께서 우리와 함께하셔야만 집을 짓고, 성을 지켜도 안전하고 행복한 삶을 살 수 있습니다.

미움은 마귀에게서 나오는 속성으로 갈취하고 빼앗는 것입니다. '호랑이 없는 골짜기에서는 토끼가 스승이다.'(谷無虎先生兎)라는 속담처럼 하나님께서 함께하시지 않는 곳에는 마귀가 주인이 되어 사람들에게 미움을 심습니다. 결과적으로 많은 사람들이 기쁨과 행복과 희망을 빼앗긴 채 불행과 슬픔과 고통과 좌절의 짐을 떠안고 살게 됩니다. 오늘날 이처럼 불행과 슬픔이 많은 것은 마귀가 세상을 점령하여 도둑질하고 죽이고 멸망시키는 일을 계속 하기 때문입니다(요 10:10). 이러한 사실을 망각한 채로 많은 사람들은 스스로의 힘으로 행복의 생수를 얻기 위해서 열심히 웅덩이를 팝니다. 자신의 삶에서 얻은 돈, 지위, 명예, 권세, 부귀영화를 담아 놓으려고 하지만 그것들은 모두 터진 웅덩이에 담겨지는 꼴이 되어 결국 좌절을 경험하게

됩니다. 그러므로 예수 그리스도를 떠나 세상에서 얻은 기쁨과 행복은 영원할 것 같지만 순간적일 뿐이고 종국(終局)에 가서는 고통과 좌절 가운데 자기 스스로 열심히 살아왔다고 자부하였던 삶을 후회하게 됩니다.

생명의 근원 되시는 하나님께서 우리와 함께하시면 자연히 믿음과 소망과 사랑, 의와 희락과 화평의 샘물이 넘쳐나게 됩니다. 우리가 삶의 중심에 하나님을 모시지 않으면 돈이나 명예나 부귀영화가 우리의 주인이 되어 버립니다. 그러나 이러한 것들이 우리에게 진정한 행복과 기쁨을 가져다주지 못한다는 것은 이미 인류의 역사와 우리 개인의 삶의 체험을 통해서 잘 알고 있는 사실입니다.

진정한 기쁨과 행복을 누리고 복된 삶을 살기 원한다면 나누고 베푸는 사랑을 실천하십시오. 우리가 사랑을 실천할 때 사랑이신 하나님께서는 우리에게 하늘의 신령한 복과 땅의 기름진 복으로 채우셔서 맑고 밝고 환한 삶을 살아갈 수 있도록 인도해 주십니다.

희생하는 삶

우리가 참행복과 기쁨의 삶을 살기 위해서는 이웃을 위해서 희생하고 사랑할 수 있어야 합니다. 예수님께서는 십자가에서 인류를 위하여 자신을 온전히 내어 주셨습니다. 이사야 53장 10절을 보면 "야훼께서 그에게 상함을 받게 하시기를 원하사 질고를 당하게 하셨은즉 그의 영혼을 속건 제물로 드리기에 이르면 그가 씨를 보게 되며 그의 날은 길 것이요 또 그의 손으로 야훼께서 기뻐하시는 뜻을 성취하리로다" 라고 말씀하고 있습니다.

예수님께서는 십자가 위에서 엄청난 고통을 당하셨지만 하나님께서 기뻐하시는 뜻을 좇아 자기를 바쳐 사랑을 베풀 수 있었기 때문에 고통 가운데서도 한없는 영적 기쁨을 느꼈습니다. 여러분, 말할 수 없는 죽음의 고통 가운데서 형언할 수 없는 기쁨을 느낄 수 있는 사람이 과연 몇 명이나 있다고 생각하십니까? 예수님께서는 커다랗고 굵은 대못에 생살이 찢기시고 십자가에 매달려 작열하는 태양 아래서 여섯 시간 동안이나 고통을 당하셨습니다. 십자가 형틀에서 당하는 육체적 고통은 형

언할 수 없을 정도로 극심했습니다. 살아 있는 사람이 극심한 고통을 받으면서 서서히 죽어간다는 것이 얼마나 힘들고 고통스럽겠습니까? 그럼에도 불구하고 예수님의 속사람은 한없는 기쁨을 느꼈습니다. 육체는 못 박혀 나무에 달려 극심한 고통을 당했지만 하나님께 전적으로 헌신하고 자기를 내어 주는 사랑을 실천했으므로 그 영혼은 하나님의 영광이 충만하고 하나님이 주시는 놀라운 기쁨 가운데 거할 수 있었습니다.

'부메랑'이라는 무기가 있습니다. 이것은 호주 원주민들이 짐승을 잡을 때 사용했던 것으로 공기역학의 원리를 이용하여 던지면 다시 제자리로 돌아오는 원시적이지만 과학적인 무기입니다. 우리가 이웃의 행복을 위해서 조금 더 양보하고 희생하고 사랑을 실천한다면 부메랑과 같이 그 사랑과 희생의 공로가 우리에게 기쁨과 행복이 되어 돌아오게 됩니다. 다른 사람을 행복하게 하려고 노력하면 우리도 행복해집니다. 자기중심적인 생각에서 벗어나 이웃의 행복과 기쁨을 위해 살 때, 자기 자신에게 더 큰 행복과 기쁨이 다가옵니다. 그러므로 로마서 12장 15절에서는 "즐거워하는 자들과 함께 즐거워하고 우는 자들과 함께 울라"고 말씀하고 있습니다.

인간관계 경영 분야 최고의 컨설턴트 데일 카네기(Dale

Carnegie)는 행복할 수 있는 방법에 대해 "행복의 유일한 방법은 대가를 바라지 않고 남에게 '주는 기쁨'을 갖는 데 있음을 기억하라. 당신의 고민거리를 헤아리지 말고, 당신이 받은 축복을 헤아리라. 다른 사람에게 흥미를 가짐으로써 과도한 자기 집중에서 벗어나라. 다른 사람의 얼굴에 웃음을 짓게 할 일을 한 가지씩 하라."고 말합니다. 다른 사람들을 행복하게 하려고 노력하는 그것이 바로 행복으로 가는 지름길입니다.

요한복음 12장 24절에서는 "내가 진실로 진실로 너희에게 이르노니 한 알의 밀이 땅에 떨어져 죽지 아니하면 한 알 그대로 있고 죽으면 많은 열매를 맺느니라"고 말씀합니다. 우리가 이웃을 위해 실천한 희생과 사랑의 공로는 사라지는 것이 아니라 그것이 나중에는 30배, 60배, 100배의 축복의 열매가 되어 되돌아오는 것입니다.

오스트리아의 심리학자 알프레드 아들러(Alfred Adler) 박사는 그를 찾아오는 우울증 환자들에게 다음과 같은 처방을 주었다고 합니다. "두 주간 동안 어떻게 하면 남을 기쁘게 할까 궁리하고 주변의 이웃을 찾아가 그를 기쁘게 하고 즐겁게 해 보십시오. 그러면 당신의 우울증이 나을 것입니다." 그의 명성에 어울리는 대단한 처방을 기대하고 찾아왔다가 이런 뜻밖의

처방에 실망하고 돌아간 환자들에게는 아무런 변화가 나타나지 않았습니다. 그러나 그의 처방을 신뢰하고 그대로 실천한 환자들에게는 현저한 효과가 나타났다고 합니다. 어려운 이들을 돕고 그들을 기쁘게 할 수 있는 일들을 찾고 노력하다 보니 자신도 모르는 사이에 우울증이 사라지고 말할 수 없는 기쁨과 삶의 가치를 찾게 되었다는 것입니다. 비록 두 주간의 짧은 기간이었지만 자기중심적인 삶에서 벗어나서 오직 이웃을 위해 헌신하고 사랑을 나누는 일에만 열중했더니 우울증이 깨끗이 치료된 것입니다. 자신을 희생하고 이웃과 사랑을 나누며 그들을 행복하고 기쁘게 해 보십시오. 하나님께서 부어 주시는 상상할 수 없는 기쁨과 행복이 우리 마음속에서 샘물처럼 솟아오르는 것을 체험하게 될 것입니다.

우리가 이 세상을 살면서 이웃에게 무엇을 줄 수 있습니까? 무엇을 나눌 수 있습니까? 어떤 방법으로 사랑을 실천할 수 있습니까? 로마서 12장 7절과 8절에서는 "혹 섬기는 일이면 섬기는 일로, 혹 가르치는 자면 가르치는 일로, 혹 위로하는 자면 위로하는 일로, 구제하는 자는 성실함으로, 다스리는 자는 부지런함으로, 긍휼을 베푸는 자는 즐거움으로 할 것이니라"고 말씀합니다.

우리가 이웃을 돕고 사랑을 실천하는 데에는 세 가지 방법이 있습니다. 첫째로, 우리는 말씀과 기도를 통해 이웃과 영적인 사랑을 나누어야 합니다. 자기 자신을 위해서 하는 기도와 말씀 묵상은 그리 큰 결단을 하지 않아도 영적인 갈급함이 생기면 언제, 어디서든 할 수 있습니다. 하지만 이웃을 위해 말씀을 나누고 기도하는 일은 큰 결단과 많은 노력이 필요합니다. 이것은 우리의 시간과 생활의 일정 부분을 희생해야만 가능합니다. 이웃을 위해서 기도하고 말씀을 전하는 영적인 사랑 나눔이 비록 힘들고 어려운 일이지만, 결국 우리에게 큰 은혜와 축복으로 되돌아온다는 것을 기억해야 합니다.

　둘째로, 우리는 이웃과 마음을 나누어야 합니다. 즉, 믿음과 소망과 사랑과 기쁨을 나누고, 위로와 용기와 행복을 나누며, 긍정적이고 적극적이고 창조적인 마음을 나누어야 합니다. 이 세상을 살아가는 많은 사람들이 염려, 근심, 불안, 초조, 절망, 슬픔, 좌절의 구름에 싸여 고통당하고 있습니다. 우리는 그들에게 찾아가서 따뜻한 사랑을 베풀고 용기를 주고 희망을 주고 기쁨을 나누어야 합니다. 그들이 일어날 수 있도록 격려의 마음을 전해야 합니다. 우리가 은혜로 받은 하나님의 따뜻한 마음을 이웃과 나눌 때, 우리의 마음은 하나님께서 부어 주시는

더 풍성한 은혜로 가득 채워지게 됩니다.

셋째로, 우리는 물질적으로 이웃을 도와야 합니다. 우리가 이웃에게 물질을 나누고 베푼다는 것은 구체적으로 사랑을 실천하는 방법입니다. 사랑을 베푸는 방법에 있어서 많은 물질을 나누어야만 하는 것은 아닙니다. 지극히 적은 물질이라도 우리가 정성껏 이웃을 도와주면 그곳에 하나님께서 함께하십니다. 항상 받기만을 바라고 움켜쥐기만 한다면 우리에게 매순간 엄습하는 고통과 절망의 상황은 쉽사리 사라지지 않습니다. 그러므로 무엇이 되든지 시간과 물질과 마음과 정성을 들여서 고통과 절망 가운데 있는 이웃을 섬기고 봉사하면 하나님께서 그 가운데 계시기 때문에 우리 마음속에 기쁨과 행복과 평화가 부메랑처럼 돌아오게 될 것입니다.

시편 112편 5절에서는 "은혜를 베풀며 꾸어주는 자는 잘 되나니 그 일을 정의로 행하리로다"라고 말씀하고 있고, 9절에서는 "그가 재물을 흩어 빈궁한 자들에게 주었으니 그의 의가 영구히 있고 그의 뿔이 영광 중에 들리리로다"라고 말씀하고 있습니다. 이 세상에서 물질과 마음과 사랑을 나누는 일은 결단코 허무하지 않습니다. 사람이 무엇으로 심든지 반드시 그대로 거두게 됩니다(갈 6:7). 사랑을 심으면 사랑을 거두고,

기쁨을 심으면 기쁨을 거두고, 평안을 심으면 평안을 거두고, 남에게 희망과 용기를 심으면 희망과 용기의 열매를 거두게 됩니다.

미국의 버클리 대학교에서 쥐를 가지고 흥미로운 실험을 했습니다. 첫 번째 실험에서는 쥐 한 마리를 격리시켜 혼자 먹고살게 했더니 600일을 살다가 죽었습니다. 두 번째 실험에서 다섯 마리가 함께 먹고살도록 했더니 700일을 살았습니다. 첫 번째 실험을 했던 쥐보다 100일을 더 산 것입니다. 세 번째는 사람의 손바닥에 쥐를 올려놓고 음식을 먹여 주었습니다. 더 먹고 싶어 할 때는 더 주기도 하고 먹기 싫어할 때는 다른 것을 먹여 가면서 지켜보았는데 이 쥐는 950일을 살았습니다. 연구팀은 이 실험을 통해 동물들도 함께 어울려 살면서 누군가의 사랑을 받으면 평안하고 행복한 마음으로 지내게 되어 수명이 연장된다는 것을 증명해 주고 있습니다. 우리가 행복하게 오래 살려면 이웃과 더불어 사랑을 주고, 사랑을 받으며 살아야 합니다. 서로 사랑을 나누는 것은 무한한 생명력을 공급하는 힘이 되며 건강하고 복된 삶을 만들어 줍니다. 사랑이신 하나님께서는 생명과 복의 근원이시기 때문입니다.

에스겔 골짜기의 생기 없는 마른 뼈들이 성령의 생기를 받

았을 때 생명력을 얻어 큰 군대가 되었던 것처럼 하나님이 함께하시면 하나님의 생기가 우리에게 넘쳐나므로 삶이 생명으로 넘치게 될 것입니다. 현대를 사는 많은 사람들의 마음은 에스겔 골짜기의 생기 없는 마른 뼈와 같이 메말라 있고, 이웃과 사랑을 나누며 더불어 살아가려는 마음도 많이 상실한 상태에 있습니다. 그러므로 우리 그리스도인들이 솔선수범하여 먼저 주는 삶을 살아야 합니다. 우리가 영적으로 기도와 말씀을 나누고, 마음으로 기쁨과 행복을 나누고, 물질로 어려운 이웃과 함께 나누며 살 때 우리는 참된 행복과 기쁨을 누릴 수 있습니다.

주고 희생하는 자가 누리는 참으로 복된 삶

성경에서는 "주라 그리하면 너희에게 줄 것이니 곧 후히 되어 누르고 흔들어 넘치도록 하여 너희에게 안겨 주리라"(눅 6:38)고 말씀하고 있습니다. 우리가 마태복음 13장에 기록된 '씨 뿌리는 비유'를 보면 이 말씀의 의미를 잘 이해할 수 있습니다. 한 사람이 씨를 뿌리는데 첫째로, 어떤 씨들은 길가에 뿌려졌습니다. 길가에 씨가 뿌려졌다는 것은 무엇을 의미합니까? 이기적이고 자기중심적인 삶의 태도를 의미합니다. 사람들은 길거리에 관심을 기울이지 않습니다. 길거리에 뿌린 씨앗은 사람들의 무관심입니다. 사람들은 길거리에 뿌려진 씨앗에 관심을 가지지 않고 무심결에 짓밟고 지나가 버립니다. 이웃에 무관심한 삶은 길가에 뿌려진 씨앗처럼 행복과 기쁨의 씨앗이 뿌리를 내리기도 전에 밟혀 죽게 만듭니다. 인생을 살면서 이웃에 대해 무관심하게 사는 것은 우리가 가지고 있는 소중한 시간과 물질과 노력의 씨앗을 무의미하게 길거리에 뿌리는 것과 같은 이치입니다. 남편에게 무관심하고 아내에게 무관심하고 자식에게 무관심하고 부모에게 무관심하고 이웃에게 무관심하고 나만 위해서 자기중심적으로, 이기적으로 사는 사람에게서는 아무런 싹도 돋아나지 않습니다. 결국 메마른 광야와 같이 생명력 없는 마음 밭이 되고 맙니다.

둘째로, 어떤 씨들은 흙이 얕은 돌밭에 뿌려졌습니다. 그것은 남에게 보이기 위하여 마지못해 베푸는 사랑을 의미합니다. 내가 스스로 사랑을 하는 것이 아니라 체면 때문에 하는 수 없이 베푸는 사랑을 말합니다. 씨앗을 포근히 안아 줄 수 있는 충분한 흙도 없이 표리부동(表裏不同)한 마음으로 외식적인 사랑

만을 보여 주기 때문에 돌밭에 뿌려진 씨앗은 결국 말라 죽게 됩니다. 마지못해 하는 사랑은 그 상황에서 벗어나면 더 이상 사랑을 베풀지 않기 때문에 고통 중에 한 가닥 삶의 희망을 가지고 사는 많은 사람들의 마음에 큰 상처를 남기게 됩니다. 그러므로 흙이 얕은 돌밭에 떨어진 씨는 아무 열매도 맺지 못합니다.

　셋째로, 어떤 씨들은 가시떨기 속에 뿌려졌습니다. 이는 자선과 사랑을 탐욕의 수단으로 삼는 거짓 사랑을 의미합니다. 고아나 장애인처럼 불쌍한 사람들을 이용하여 돈벌이하는 사람들이 있습니다. 가시떨기 속에서는 아무런 사랑의 동기를 발견할 수 없습니다. 탐욕을 위한 수단과 방법으로 사랑을 베풀기 때문에 그것은 사랑이 아니라 미움을 격동시킵니다. 그러므로 탐욕을 위해 사랑을 수단으로 이용하는 사람들은 오직 고통과 절망과 미움만을 거둘 따름입니다.

　넷째로, 어떤 씨들은 좋은 땅에 뿌려졌습니다. 진실로 예수님의 헌신적인 마음을 가진 사람이 이웃에게 희생적인 사랑을 베풀 때 좋은 땅에 뿌려졌다고 말할 수 있습니다. 하나님을 믿고 선을 행하며 희생적으로 이웃을 돌보아 주는 사랑은 좋은 땅에 뿌린 씨가 되어 가난하고, 헐벗고, 굶주리고, 고통당하는 이웃에게 꿈과 희망과 위로와 용기의 열매를 풍성하게 맺게 합니다. 그러므로 시편 37편 3절에서는 "야훼를 의뢰하고 선을 행하라 땅에 머무는 동안 그의 성실을 먹을거리로 삼을지어다"라고 말씀하였고, 히브리서 13장 16절에서는 "오직 선을 행함과 서로 나누어 주기를 잊지 말라 하나님은 이 같은 제사를 기뻐하시느니라"고 말씀하고 있습니다. 우리가 이웃의 행복과 기쁨을 나의 행복과 기쁨으로 생각하고 정성껏 이웃을 위해 베풀고 나누며 헌신하는 삶을 산다면, 좋은 땅에 뿌린 씨앗처럼 결국 풍성한 사랑의 열매를 거두게 되어 하나님께서 베풀어 주시는 참으로 복된 삶을 누리게 될 것입니다.

많은 사람들이 세상을 살아가면서 고통과 슬픔과 좌절의 구름에 싸여 절망 가운데 살아가는 이유가 무엇일까요? 그것은 세상이 마귀의 종노릇하면서 이기심과 탐욕이 가득하여 오직 자기의 만족만을 찾기 때문입니다. 그런 곳에는 행복과 기쁨의 근원이신 하나님이 함께하시지 않습니다. 아담과 하와가 마귀에게 속아서 하나님께서 따 먹지 말라고 했던 선악과를 자기의 만족을 채우기 위해 따 먹고 쫓겨난 후, 세상은 범죄하고 타락하여 탐욕과 이기적인 생각들로 꽉 들어차게 되었습니다. 이 같

은 세상에서 아무리 움켜쥐고 빼앗고 소유해도 진정한 행복과 기쁨과 만족은 없습니다. 세상이 이처럼 삭막하고 슬프고 절망적이며 행복과 기쁨과 만족이 없는 것은 물질이 없어서도 아니고 환경이 열악해서도 아닙니다. 마음속에 하나님의 사랑이 식어져 탐욕과 자기만족을 위해 움켜쥐고 빼앗기에만 급급하여 이웃을 위해서 자신을 조금도 희생하지 않기 때문입니다.

하나님께서 계시지 않는 곳에서 참된 행복과 기쁨을 찾을 수 없습니다. 행복과 기쁨은 전적으로 하나님의 전유물(專有物)입니다. 태양에서 밝은 햇빛이 나오듯이 행복과 기쁨의 빛은 하나님께로부터 나옵니다. 하나님은 사랑이시며 세상을 사랑하셔서 독생자 예수를 내어 주셨습니다. 예수님 또한 우리를 지극히 사랑하셔서 자신의 생명을 죽음의 자리에 기꺼이 내어 주셨습니다. 성령님께서도 우리를 사랑하셔서 하늘 보좌를 포기하시고 세상에 오셔서 우리를 도우시며 함께하고 계십니다. 이와 같이 우리가 삼위일체 하나님을 마음 중심에 모시고 이웃에게 사랑을 베풀고 실천할 때 참된 행복과 기쁨을 누릴 수 있게 됩니다.

예수님을 구주로 모시면 우리는 참된 행복과 기쁨을 소유한 사랑의 자녀가 됩니다. 그러나 우리의 마음속에 예수님을 모시지 않으면 마음이 무관심과 절망으로 가득한 길가에 뿌려진 씨앗과 같이 되고, 자신을 나타내기 위해서는 수단과 방법을 가리지 않고 사람들에게 잘 보이려고 하는 돌밭에 뿌려진 씨앗과 같이 되며, 탐욕을 위하여 사랑을 베푸는 척하는 가시떨기에 뿌려진 씨앗처럼 되고 맙니다. 하나님을 사랑하고 예수님을 믿고 성령님을 의지하는 생활 속에서 우리가 먼저 양보하고 희생하고 이웃에게 사랑을 실천하며 다가설 때 우리 모두는 참된 기쁨과 행복을 풍성히 누리게 됩니다. 우리를 위해 자신을 내어 주신 예수 그리스도의 희생과 사랑을 기억하며 이웃을 살리기 위한 모든 일에 함께 참여함으로써 사랑 가운데서 역사하시는 하나님을 체험하고 하나님께서 주시는 참된 기쁨과 행복을 소유하는 여러분들이 되시기를 예수님의 이름으로 간절히 축원합니다.

소박한 행복

"주 안에서 항상 기뻐하라 내가 다시 말하노니 기뻐하라 너희 관용을 모든 사람에게 알게 하라 주께서 가까우시니라 아무것도 염려하지 말고 다만 모든 일에 기도와 간구로, 너희 구할 것을 감사함으로 하나님께 아뢰라 그리하면 모든 지각에 뛰어난 하나님의 평강이 그리스도 예수 안에서 너희 마음과 생각을 지키시리라" (빌 4:4-7)

나폴레옹(Napoleon Bonaparte)은 식민지 코르시카 출신으로 프랑스의 황제의 자리에까지 오른 입지전적인 인물입니다. 뿐만 아니라 그는 탁월한 군사·정치적 역량으로 온 유럽을 석권한, 알렉산더 대왕과 카이사르에 비견되는 '세기의 영웅'이었습니다. 그러나 지배와 소유의 정상에 올라 인생의 성취감을 맛보았던 그가 죽기 전에 남긴 말은 "내가 진실로 행복했던 때는 단 6일밖에 없었다."였습니다. 한편 헬렌 켈러(Helen Adams Keller)는 생후 19개월에 원인 모를 고열로 말미암아 보지도 듣지도 말하지도 못하는 3중 장애를 갖게 된 불행한 여성이었습니다. 그러나 그녀는 말년에 자신의 인생을 회고하면서 이렇게 말했습니다. "내 인생은 기쁘고 행복한 나날이

었다."

이들의 고백이 시사하는 바가 무엇일까요? 사람들은 흔히 거창한 무엇인가가 있어야 행복할 것이라고 생각합니다. 그러나 지배나 소유와 같은 거창한 외적 조건이 갖추어져야 행복한 것은 아닙니다. 우리가 잘 살펴보면 소박한 행복은 누구나 다 가질 수 있고 누릴 수 있습니다. 행복은 외적인 조건보다는 우리의 마음과 같은 내적인 조건에 달려있기 때문입니다. 그렇다면 우리가 이러한 소박한 행복을 누리기 위해서는 구체적으로 어떻게 해야 할까요?

삶의 의미와 목적을 발견해야 합니다

우리는 삶의 의미와 목적을 알아야 행복해질 수 있습니다. 그러나 많은 사람들이 이러한 삶의 의미와 목적 없이 그저 되는 대로 인생을 사는 경우가 많습니다. 그렇기 때문에 그날이 그날이고 또 그날이 그날인 채로 무덤덤하고 따분한 삶을 살아가고 있는 것입니다. 어떤 이들은 삶 자체가 고통스럽다고 말하기도 하고 어떤 이들은 아예 살고 싶은 생각조차 없다고 말하기도 합니다. 삶이 행복하다고 말하는 사람은 소수에 불과합니다. 이 모두가 삶의 의미와 가치와 목적을 발견하지 못했기 때문입니다.

한 청년이 초췌한 모습으로 공원 벤치에 앉아 있었습니다. 그는 해가 지고 공원 문을 닫을 때가 되어도 꼼짝하지 않고 그 자리에 앉아 있었습니다. 이를 이상하게 본 공원 관리인이 다가가 그 청년에게 물었습니다. "이봐, 당신 누구요?" 그러자 그는 신음하듯 대답했습니다. "바로 그거요! 나도 내가 누구인지 좀 알고 싶소!" 이 청년이 바로 염세주의 철학자 쇼펜하우어(Arthur Schopenhauer)였습니다. 그는 자신이 누구인지, 왜 살아야 하는지, 삶의 의미와 가치와 목적을 몰라 그토록 고뇌에 고뇌를 거듭한 것이었습니다. 이처럼 자기 정체성과 삶의 의미와 목적을 알지 못할 때 우리는 불행할 수밖에 없습니다. 그렇다면 우리는 왜 삶의 의미와 목적을 잃어버리게 되었을까요?

성경은 최초의 인간인 아담의 타락으로 우리 인류가 진정한 고향을 잃어버렸다고 말하고 있습니다. 원래 에덴동산에서 하나님과 함께 살도록 만들어진 인생이 하나님을 버리고 범죄함으로 에덴을 떠나서 고향을 잃어버린 사람이 된 것입니다. 그래서 사람들은 모두 다 그 가슴속에 고향을 잃어버린 상실감

을 가지고 있습니다.

이사야 1장 4절을 보면 이사야 선지자는 "슬프다 범죄한 나라요 허물 진 백성이요 행악의 종자요 행위가 부패한 자식이로다 그들이 야훼를 버리며 이스라엘의 거룩하신 이를 만홀히 여겨 멀리하고 물러갔도다"라고 탄식하고 있습니다. 이와 같이 우리 인생들은 아담과 하와 이후로 하나님을 떠났으며 그로 인해 고향을 잃어버리고 말았습니다. 또한 에덴에서 나오고 난 다음, 에덴으로 돌아가는 길을 잃어버리고 말았습니다. 그래서 우리 인류는 어디에서 와서 어디로 가는지 모른 채 혼돈 속에 빠져 '길 잃은 삶'을 살아가고 있습니다.

이처럼 고향을 잃어버리고 갈 길을 잃어버린 우리들은 자연적으로 자기 상실증에 걸리고 말았습니다. 자기의 정체성을 상실한 것입니다. 내가 동물인지, 물질인지, 영혼인지 분간을 할 수가 없게 되었으며, 이에 대해 올바로 가르쳐 줄 자도 없습니다. 그저 덧없는 인생에 대해 '일장춘몽'(一場春夢)이니 '취생몽사'(醉生夢死)니 하며 탄식할 수밖에 없습니다. 성경 역시 이러한 인생에 대해 "너는 흙이니 흙으로 돌아갈 것이니라"(창 3:19), "너희 생명이 무엇이냐 너희는 잠깐 보이다가 없어지는 안개니라"(약 4:14), "모든 육체는 풀과 같고 그 모든 영광은 풀의 꽃과 같으니 풀은 마르고 꽃은 떨어지되"(벧전 1:24)라고 말씀합니다. 하나님을 떠난 인간의 모습은 먼지와 같은 흙이요, 금방 사라지는 안개요, 말라 버리는 풀이요, 시들어 버리는 꽃에 불과하다는 것입니다. 하나님을 떠난 인간은 어디에서도 자신이 누구인지에 대한 대답을 얻을 수 없습니다.

그러므로 심령에 행복을 갖기 위해서는 '잃어버린 고향'과 '길'과 '자기 정체성'을 회복해야 합니다. 이를 위해 하나님께서는 2천 년 전에 독생자 예수 그리스도를 보내 주셔서 잃어버린 고향과 길과 자기 정체성을 찾도록 도와주셨습니다. 하나님의 아들 예수 그리스도는 하나님과 더불어 우주를 창조하신 제2위 하나님이십니다. 이 하나님께서 사람의 몸을 쓰시고 사람 가운데 오셔서 온갖 고통과 괴로움을 다 겪으시고 우리의 죄를 대신 짊어지고 십자가에 못 박혀 몸 찢고 피 흘려서 죗값을 청산하셨습니다. 하나님과 우리 사이에 막힌 담을 허시고 안개구름을 젖히고 하나님 앞에서 잃어버린 자신을 찾을 수 있도록 만들어 주셨습니다.

우리가 예수님의 대속을 통해서 받은 가장 큰 은총은 잃어버린 우리 자신을 발견하고 하나님의 자녀라는 것을 깨닫게 되었다는 것입니다. 우리는 인간의 자녀도 아니요, 동물의 소

생도 아니요, 하나님으로부터 태어난 하나님의 자녀라는 사실을 예수님을 통해서 우리 마음속에 분명히 믿고 알게 된 것입니다.

우리는 예수님을 통해서 우리의 고향인 하나님의 품을 찾았습니다. 우리의 잃어버린 고향은 바로 우리 하나님 아버지의 품이며 아버지가 계신 곳이 바로 에덴입니다. 그리고 그 아버지의 품을 찾을 수 있는 유일한 길은 예수 그리스도입니다. 그렇기 때문에 예수님께서는 "내가 곧 길이요 진리요 생명이니 나로 말미암지 않고는 아버지께로 올 자가 없느니라"(요 14:6)고 당당히 선언하셨습니다. 예수 그리스도를 통해서 죄 사함을 받고 예수 그리스도로 말미암아 나가면, 우리는 아버지의 품에 안길 수가 있고 아버지를 찾을 수 있습니다. 예수님 안에서 우리는 고향을 찾을 수가 있는 것입니다. 성경은 "영접하는 자 곧 그 이름을 믿는 자들에게는 하나님의 자녀가 되는 권세를 주셨으니"(요 1:12)라고 말씀합니다. 우리는 이제 자녀가 되어 하나님의 자녀로서의 당당한 권세를 가지고 '아빠 아버지'라고 부르짖어 기도할 수 있는 자격을 회복하게 된 것입니다.

이제 우리는 어디에서 와서, 왜 살며, 어디로 가는지 길을 알게 되었습니다. 어디에서 왔느냐? 우리는 하나님의 자녀이

자 아담의 후손으로서 이 세상에 왔습니다. 왜 사느냐? 우리는 성령님을 모시고 예수님을 믿고 하나님을 사랑하고 섬기기 위해서 삽니다. 또한 이웃을 사랑하고 섬기기 위해서 삽니다. 이 땅에 공의와 사랑과 축복과 행복이 넘치는 하나님의 나라를 건설하기 위해 삽니다. 어디로 가느냐? 우리는 영생복락 천국으로 갑니다. 이제 우리는 돌아갈 본향이 분명해진 사람들입니다. 요한복음 6장 40절을 보면 예수님께서는 "내 아버지의 뜻은 아들을 보고 믿는 자마다 영생을 얻는 이것이니 마지막 날에 내가 이를 다시 살리리라"고 말씀하셨습니다. 또한 요한복음 14장 3절을 보면 예수님께서는 "가서 너희를 위하여 거처를 예비하면 내가 다시 와서 너희를 내게로 영접하여 나 있는 곳에 너희도 있게 하리라"고 말씀하셨습니다. 드디어 이 길을 찾은 것입니다. 이제 더 이상 길 잃고 방황하지 않습니다. 이제는 분명한 길과 목적지를 알고 인생을 살아가게 되었습니다.

또한 이제 우리는 잃어버린 존재가 아닙니다. 자기를 찾아서 당당한 자기의 신분을 알게 되었습니다. 우리가 누구냐고 물으면 베드로전서 2장 9절의 말씀에 근거해 담대히 말할 수 있습니다. "너희는 택하신 족속이요 왕 같은 제사장들이요 거룩한 나라요 그의 소유가 된 백성이니 이는 너희를 어두운 데

서 불러내어 그의 기이한 빛에 들어가게 하신 이의 아름다운 덕을 선포하게 하려 하심이라". 누가 뭐라고 말해도 우리는 "나는 하나님께 사랑받고 있습니다. 만인 중에 하나님이 나를 좋아하셔서 택하여 자녀로 삼아 주셨습니다. 나는 예수 그리스도로 더불어 왕 노릇 하고 제사장 노릇 하고 하늘나라가 내게 임하여 있으며 하나님의 소유 된 백성이 되어, 하나님이 품에 품고 사는 사람이 되었습니다."라고 분명한 자기 신분을 선언할 수 있게 된 것입니다.

이처럼 예수 그리스도를 구주로 모시면 어떠한 처지에 있든지 소박한 행복을 느낄 수 있습니다. 고향인 하나님을 찾았고, 길 되신 예수님을 모시고 잃어버린 자신을 찾았기 때문에 이제는 자신이 어디에서 와서, 왜 살며, 어디로 가는지 몰라 방황하지 않습니다. 마음속에 평안을 소유하게 되었기 때문입니다.

스웨덴의 가스펠 가수 레나 마리아(Lena Maria)는 두 팔과 한쪽 다리의 절반이 없는 선천성 장애인입니다. 그러나 그녀는 예수 그리스도를 구주로 모시고 하나님을 섬기는 건강한 자아상을 가지고 있었습니다. 자기의 모습에서 하나님의 신묘막측한 창조의 뜻을 깨닫고 오히려 불구로 태어난 것조차도 감사하는 사람이 된 것입니다. 그녀는 장애로 인해 낙망하지 않고 오히려 이를 새로운 도전과 모험의 기회로 삼아 그것을 즐겼습니다. 그 결과 그녀는 장애인 올림픽에서 수영 4관왕을 차지하기까지 했습니다. 두 팔이 없고 한쪽 다리의 반이 없는 그녀가 수영 4관왕을 차지한 것은 놀라운 일입니다. 또한 그녀는 세계적인 가스펠 가수가 되어 많은 대중들 앞에서 아무런 거리낌 없이 아름답고 당당하게 찬송을 부르고 있습니다. 현재 그녀는 자신을 사랑하는 신실한 청년과 결혼해서 아름다운 가정까지 이루었습니다. 그녀의 밝고 맑고 환한 인격에 감동한 젊은 청년이 프러포즈해서 결혼하여 행복한 인생을 살아가고 있는 것입니다. 스스로를 저버리지 아니하고 좌절하고 낙심하지 아니하고 예수 그리스도를 모시고 하나님 안에서 기쁘고 행복하게 사니까 그녀의 삶 속에 항상 긍정적이고 적극적이고 창조적인 일들이 생겨나게 된 것입니다.

그러나 이와 반대로 20세기 최고의 여류 작가로 불리는 프랑수아즈 사강(Francoise Sagan)은 유복한 가정에서 태어나 소르본대학에 재학 중이던 18세 때 〈슬픔이여 안녕〉이라는 소설을 발표한 천재 작가요, 인물도 아름다운 지성인이었습니다. 그러나 그녀는 항상 인생을 부정적으로 생각하고 낙심하고 탄식하며 하나님을 등지고 예수 그리스도를 구주로 영접하지 않았습니다. 그녀는 무신론자요, 자기를 의지하는 사람이었습니다. 결국 그녀는 두 차례의 이혼을 했으며 도박과 알코올 중독으로 폐인이 되었을 뿐만 아니라 약물 남용으로 삶을 비참하게 마감하고 말았습니다. 그녀는 명예와 재능과 돈과 미모를 가지고 있었지만 "나는 나를 파멸시킬 권리가 있다."고 주장하며 하나님과 예수님을 저버렸습니다. 그리하여 항상 불행과 불만족으로 꽉 들어찬 패퇴한 인생을 살다가 결국 비참한 말로를 맞이하고 만 것입니다.

사랑하는 여러분, 진정한 삶의 의미와 목적과 행복은 오직 예수 그리스도 안에 있습니다. 그러므로 예수 그리스도 안에서 자신의 정체성을 찾은 사람만이 행복한 삶을 살아갈 수 있는 것입니다. '나는 환경 때문에 불행하다.'고 생각하지 마십시오. 여러분, 행복은 마음속에 있지 환경에 있지 않습니다. 환경은 행복의 플러스 요건은 될 수 있어도 행복의 원인은 되지 못합니다. 환경이 아무리 어렵고 고통스러워도 하나님을 아버지로 섬기고 빈 가슴속이 영혼의 고향으로 채워질 때 우리는 행복해지는 것입니다. 인생의 길이신 예수님을 섬기고 예수님을 따라가며 그리스도 안에서 나의 새로운 삶의 신분을 발견하고 살 때 비로소 행복해지는 것입니다. 그리스도 예수 안에서 하나님을 섬기고 인생을 밝고 맑고 환하게 살며 긍정적이고 적극적이고 창조적으로 살 때, 하나님도 복을 주시고 사람들도 그러한 사람을 존경하게 되는 것입니다. 이 세상에 살면서 아무리 좋은 환경과 천재적인 지혜와 총명을 가지고 있다 할지라도 하나님을 모르고 예수님을 등지고 사는 인생은 비참한 결과를 초래하고 말 것입니다.

탐욕을 버린 겸허한 마음을 가져야 합니다

탐욕은 인생에 파탄을 가져오는 것입니다. 하나님은 우리 모든 사람이 자신의 분량대로 인생을 살도록 만드셨습니다. 뱁새는 뱁새로 살아야지 황새가 될 수 없습니다. 황새는 황새로 살아야지 뱁새가 될 수 없습니다. 이솝 우화를 보면 개구리가 황소처럼 되겠다고 공기를 들이마셨다가 배가 터져서 죽었다는 이야기가 있습니다. 이처럼 자기의 분수를 뛰어넘는 것이 탐욕입니다.

아담이 사람으로 지음 받았으면 사람으로 살아야지 하나님

처럼 되겠다는 것은 엄청난 탐욕입니다. 피조물이 어떻게 조물주가 될 수 있습니까? 탐욕을 가지고 있기 때문에 마귀가 시험하는 것이지 탐욕이 없으면 마귀가 시험하지 않습니다. 거름 무더기가 있어야 똥파리가 찾아오지 거름 무더기가 없는데 똥파리가 찾아오겠습니까? 탐심이 곧 우리를 파멸하게 하는 우상숭배가 되는 것입니다(골 3:5).

야고보서 1장 14절부터 15절을 보면 "오직 각 사람이 시험을 받는 것은 자기 욕심에 끌려 미혹됨이니 욕심이 잉태한즉 죄를 낳고 죄가 장성한즉 사망을 낳느니라"고 말씀합니다. 탐심이 들어오면 부정한 방법으로 욕심을 채우기 위해서 온갖 범죄를 하게 되고 종국적으로 사망에 이르고 마는 것입니다. 아담의 탐욕은 결국 자신과 전 인류를 파멸로 이끌고 말았습니다.

성경을 보면 구약 시대의 가장 위대한 왕으로 다윗을 꼽고 있습니다. 하지만 그러한 다윗의 생애 가운데도 큰 잘못이 있었습니다. 바로 자신의 충직한 부하인 우리아의 아내와 통간하고 우리아에게 들키지 않기 위해서 그를 일선에 보내어 전쟁에서 죽게 만든 것입니다. 이는 엄청난 죄악입니다. 그는 탐욕으로 남의 아내를 탐내었습니다. 자기에게도 충분히 많은 아내가 있는데도 불구하고 남의 아내를 탐내었던 것입니다. 이는 분수에 넘친 일이었습니다. 그렇기 때문에 하나님께서는 나단 선지자를 통해 "네 주인의 집을 네게 주고 네 주인의 아내들을 네 품에 두고 이스라엘과 유다 족속을 네게 맡겼느니라 만일 그것이 부족하였을 것 같으면 내가 네게 이것 저것을 더 주었으리라"(삼하 12:8)고 말씀하시며 다윗을 크게 꾸짖었습니다.

이에 다윗은 자신의 탐욕으로 말미암아 하나님으로부터 큰 심판을 받았습니다. 사무엘하 12장 10절을 보면 하나님께서는 나단 선지자를 통해 "이제 네가 나를 업신여기고 헷 사람 우리아의 아내를 빼앗아 네 아내로 삼았은즉 칼이 네 집에서 영원토록 떠나지 아니하리라"고 말합니다. 이 얼마나 무서운 심판입니까? 남의 아내를 취하고 남편을 전쟁에 내보내 죽게 함으로 말미암아 다윗의 가정에 칼이 떠나지 않았습니다. 아들 압살롬이 아버지인 다윗을 죽이려고 반역을 일으켜 아들과 큰 전쟁을 치룬 일을 우리는 잘 기억하고 있습니다.

또한 사무엘하 12장 14절을 보면 나단 선지자는 "이 일로 말미암아 야훼의 원수가 크게 비방할 거리를 얻게 하였으니 당신이 낳은 아이가 반드시 죽으리이다"라고 말했습니다. 마귀

가 '얼씨구나, 좋다!' 하며 그 기회를 타서 다윗을 참소함으로 밧세바에게서 낳은 아들이 병들어 죽고 만 것입니다. 다윗이 탐욕을 품고 탐욕으로 행함으로 말미암아 자신의 삶에 파탄을 가져온 것입니다.

벤 프랭클린(Ben Franklin)은 탐욕에 대해 이런 말을 했습니다. "탐욕과 행복은 결코 서로 만나지 않는다. 그러니 이 둘이 어떻게 친구가 될 수 있겠느냐?" 석유 재벌인 록펠러(John Davison Rockefeller)는 이렇게 말했습니다. "부자가 행복하리라고 생각하는 것은 잘못이다." 록펠러만한 부자가 어디 있습니까? 그러나 그는 부자가 행복하다는 것은 거짓말이라고 했습니다.

통계를 보면, 사람이 어느 정도 이상의 물질을 가지면 그 이후로는 물질과 환경적 조건이 개선된다고 해도 더 행복해지는 것은 아니라고 합니다. 이를테면 15평의 집에 사는 사람이 35평의 집을 얻을 때는 행복한데, 35평의 집에 사는 사람이 50평의 집으로 이사할 때는 덤덤하고 별 볼일 없다는 것입니다. 남루한 옷을 입은 사람이 좋은 옷을 사 입었을 때는 행복하지만 나중에 화려한 옷을 입었을 때는 별로 행복하지 않다는 것입니다. 이것은 어느 정도의 물질만 가지면 그다음에는 물질을 아무리 많이 가져도 행복하지 않다는 것입니다. 환경이 행복의 조그마한 플러스 요건은 될 수 있어도 전적으로 환경이 행복을 가져다주는 것은 아닙니다. 오직 예수 그리스도 안에서 아버지를 섬기고 하나님의 성령으로 충만한 은혜 속에 있을 때 우리는 진정한 행복을 느낄 수 있습니다. 아담과 다윗은 그들의 탐욕으로 파탄에 이르렀습니다. 탐욕이 들어오면 아무리 많이 가져도 결코 만족함을 느끼지 못합니다. 우리가 탐욕을 버리고 겸허한 마음으로 살 때 행복을 누릴 수 있는 것입니다.

이 세상에서 하나님을 의지하고 살면, 하나님께서는 당신의 은혜로 무엇을 먹을까, 무엇을 입을까, 무엇을 마실까 걱정하지 않고 살게 해 주겠다고 약속하셨습니다. 이스라엘이 애굽에서 살 때에는 인간의 수단과 방법과 노력으로 살았지만 하나님을 따라 광야로 돌아왔을 때에는 농사도 지을 수 없고 논밭도 없었습니다. 짐승도 기를 수가 없었습니다. 말 그대로 빈손 들고 하늘만 쳐다보았습니다. 그러나 그들이 40년 동안 광야에서 헐벗지도 아니하고 굶주리지도 아니하고 배고프지도 아니하고 목마르지도 아니한 것은 하나님이 그들을 돌보아 주셨기 때문입니다. 우리가 이 광야 같은 세상을 살면서 인간의 수단과 방법과 노력이 모자란다 할지라도, 하늘을 쳐다보고 하나님

을 섬기면 하나님이 우리에게 복을 주셔서 먹고 입고 마시고 살게 만들어 주시겠다고 약속하신 것입니다.

마태복음 6장 24절부터 33절까지를 소리 내어 한번 읽어 보십시오.

"한 사람이 두 주인을 섬기지 못할 것이니 혹 이를 미워하고 저를 사랑하거나 혹 이를 중히 여기고 저를 경히 여김이라 너희가 하나님과 재물을 겸하여 섬기지 못 하느니라 그러므로 내가 너희에게 이르노니 목숨을 위하여 무엇을 먹을까 무엇을 마실까 몸을 위하여 무엇을 입을까 염려하지 말라 목숨이 음식보다 중하지 아니하며 몸이 의복보다 중하지 아니하냐 공중의 새를 보라 심지도 않고 거두지도 않고 창고에 모아들이지도 아니하되 너희 하늘 아버지께서 기르시나니 너희는 이것들보다 귀하지 아니하냐 너희 중에 누가 염려함으로 그 키를 한 자라도 더할 수 있겠느냐 또 너희가 어찌 의복을 위하여 염려하느냐 들의 백합화가 어떻게 자라는가 생각하여 보라 수고도 아니하고 길쌈도 아니하느니라 그러나 내가 너희에게 말하노니 솔로몬의 모든 영광으로도 입은 것이 이 꽃 하나만 같지 못하였느니라 오늘 있다가 내일 아궁이에 던져지는 들풀도 하나님이 이렇게 입히시거든 하물며 너희일까보냐 믿음이 작은 자들아 그러므로 염려하여 이르기를 무엇을 먹을까 무엇을 마실까 무엇을 입을까 하지 말라 이는 다 이방인들이 구하는 것이라 너희 하늘 아버지께서 이 모든 것이 너희에게 있어야 할 줄을 아시느니라 그런즉 너희는 먼저 그의 나라와 그의 의를 구하라 그리하면 이 모든 것을 너희에게 더하시리라".

먼저 하나님의 나라와 하나님의 의를 구하면 그다음 일은 하나님이 돌보아 주시겠다고 약속하셨습니다. 하나님은 사람이 아니신지라 거짓이 없으십니다. 성경은 "하나님은 사람이 아니시니 거짓말을 하지 않으시고"(민 23:19)라고 말합니다. 하나님의 약속은 반드시 이루어집니다. 저 하늘이 무너지고 이 땅이 꺼져도 하나님의 약속은 일점일획도 변하지 않습니다. 그러므로 하나님의 나라와 하나님의 의인 예수 그리스도를 먼저 구하고 살면 하나님이 우리의 삶을 책임져 주십니다. 먼저 하나님을 섬기고 성수 주일하고 십일조를 드리는 삶을 살고, 먼저 말씀 읽고 기도하며 말씀을 실천하고 살면, 일상생활 가운데 하나님이 돌보아 주심으로 염려 없이 살아갈 수 있습니다. 소박한 행복을 누리고 살 수 있습니다.

건강을 감사하고 잘 관리해야 합니다

우리는 건강함을 감사하고 즐기는 삶을 살아야 합니다. 우리가 건강할 때는 건강이 얼마나 소중한지 모릅니다. 그러나 막상 건강을 잃고 나면 건강이 얼마나 소중한지 알게 됩니다. 이렇듯 하나님이 건강 주신 것에 대해 감사해야 행복해집니다. 건강한 것이 얼마나 감사하고 행복합니까? 오늘도 병원에 가 보십시오. 환자들이 줄을 서 있습니다. 극심한 고통 가운데 있습니다. 그러므로 우리는 병들지 않고 건강하게 사는 것만 해도 행복하고 즐거운 줄을 알아야 합니다.

시편 6편 2절을 보면 "야훼여 내가 수척하였사오니 내게 은혜를 베푸소서 야훼여 나의 뼈가 떨리오니 나를 고치소서"라고 시편 기자가 간구하는 것을 볼 수 있습니다. 또한 시편 103편 2절과 3절을 보면 "내 영혼아 야훼를 송축하며 그의 모든 은택을 잊지 말지어다 그가 네 모든 죄악을 사하시며 네 모든 병을 고치시며"라고 말하고 있습니다.

병을 치료받고 건강해져야 행복을 누릴 수 있습니다. 아무리 좋은 집에서 호의호식하고 살아도 몸이 아프면 짜증이 나고 좋은 것이 하나도 없고 마음에 고통만 꽉 들어차게 됩니다. 그러므로 우리는 주님께 늘 건강을 달라고 기도해야 합니다.

또한 우리는 현재 건강함에 대해 감사하고 찬송해야 합니다. 성경은 "감사로 제사를 드리는 자가 나를 영화롭게 하나니 그의 행위를 옳게 하는 자에게 내가 하나님의 구원을 보이리라"(시 50:23)고 했습니다. 평소에 건강할 때 건강을 감사하지 아니하면 나중에 병들 때 아무리 고쳐달라고 해도 응답이 잘 오지 않습니다. 있는 것을 가지고 감사를 하면 하나님이 나중에 기쁘게 기도를 들어 주시는 것입니다.

그러므로 우리는 일생을 살면서 건강을 잘 관리해야 됩니다. 건강을 잘 관리하지 않고서 자연히 건강해지지는 않습니다. 건강을 어떻게 관리해야 합니까? 성경은 "마음의 즐거움은 양약이라"(잠 17:22)고 말합니다. 그러므로 우리는 마음에 항상 즐거움과 평안을 가지고 살려고 노력을 해야 됩니다. 마음의 평화를 깨고 마음을 흔들고 마음에 화평을 잃게 하는 것은 피해야 됩니다. 우리가 과도한 스트레스를 받으면 마음에 즐거움과 평화가 다 사라집니다. 이 스트레스를 피하기 위해서 열심히 말씀을 읽고 하나님께 기도함으로 수고하고 무거운 짐을 주님께 맡기는 것을 게을리 하지 말아야 합니다. 하나님

을 의지함으로 마음에 기쁨과 평안을 늘 가지고 있어야 하는 것입니다.

시편 16장 11절을 보면 "주의 앞에는 충만한 기쁨이 있고 주의 오른쪽에는 영원한 즐거움이 있나이다"라고 말합니다. 우리가 주님께 기도하고 주의 은혜 속에 있으면 주님께로부터 마음의 즐거움이 옵니다. 평안이 옵니다. 이러한 것들이 우리 속에 양약으로 역사하여 우리가 질병을 이기고 건강할 수가 있게 됩니다. 그러므로 마음의 즐거움과 평안은 우리 건강에 있어서 절대적인 요소인 것입니다.

또한 우리는 자기만 즐거워할 뿐 아니라 이웃에 즐거움을 주는 '약'이 되어야 합니다. 여러분이 경우에 따라서 약이 될 수도 있고 독이 될 수도 있습니다. 이웃을 즐겁게 하면 이웃에게 양약이 되는 것이고 이웃의 마음에 근심을 끼치면 이웃에게 독이 되는 것입니다. 남편이 아내에게 약이 될 수도 있고 독이 될 수도 있고, 아내가 남편에게 약이 될 수도 있고 독이 될 수도 있습니다. 부모가 자식에게 약이 될 수도 있고 독이 될 수도 있습니다. 자식이 부모에게 약이 될 수도 있고 독이 될 수도 있는 것입니다. 우리가 남에게 기쁨을 주고 평안을 주면 양약이 됩니다. 그러나 남에게 근심을 끼치면 우리가 남을 죽이는 독이 되는 것입니다. 인생을 살면서 언제나 이웃에 양약이 되고 독이 되지 않기를 주님의 이름으로 축원합니다.

선한 인간관계를 유지해야 합니다

우리는 어찌할 수 없이 태어날 때부터 가족의 일원으로 태어납니다. 하나님은 아담만 지어 놓지 아니하시고 하와를 지어서 두 사람이 함께 살도록 만들어 놓으셨습니다. 창세기 2장 24절을 보면 "이러므로 남자가 부모를 떠나 그의 아내와 합하여 둘이 한 몸을 이룰지로다"라고 말하고 있습니다.

남자와 여자는 부부가 되어 함께 살아야 합니다. 이 '함께 사는 것'이 없으면 행복하지 않습니다. 또 부부가 있으면 자식을 낳기 때문에 부모 자녀 간의 관계가 원만해야 행복하게 살아갈 수 있습니다. 형제들 간에도 마찬가지입니다. 형제들 간의 관계도 원만하게 이끌어 나가야 됩니다. 나아가 이웃과의 관계도 잘 맺어야 됩니다. 우리 인간은 혼자 사는 것이 아니라 사회를 이루고 함께 몸을 부딪치며 살아가야 하기에 이웃과 올바른 관계를 가져야 합니다.

첫째, 선한 인간관계를 위해서는 항상 주님을 의지하고 상대방을 이해하려고 노력해야 합니다. 무엇보다 이 세상의 모든 사람들이 나와 똑같지 않다는 것을 알고 있어야 합니다. 모든 사람들은 각자 살아온 경험이 다르고 개성이 다릅니다. 경험과 개성이 다른 사람들이 나와 똑같으리라고 생각할 수 없는 것입니다. 나에게는 나의 세계가 있고 다른 사람에게는 다른 사람의 세계가 있습니다. 이것을 인정하고 상대를 이해하려고 노력해야 합니다. 그렇기 때문에 베드로전서 3장 8절을 보면 "너희가 다 마음을 같이하여 동정하며 형제를 사랑하며 불쌍히 여기며 겸손하며"라고 말합니다.

둘째, 우리가 서로 좋은 관계를 맺고 살기 위해서는 기쁨과 슬픔을 함께 나누며 살아야 합니다. 로마서 12장 15절을 보면 "즐거워하는 자들과 함께 즐거워하고 우는 자들과 함께 울라"고 말합니다. 즐거워하는 집에 가서 울면 안 되고 우는 집에 가서 깔깔대고 웃으면 안 되지 않습니까? 우리가 이웃에 대해 동정하는 마음을 갖고 서로 짐을 나누어지는 그러한 자상한 마음을 가져야 인간관계를 잘 유지할 수 있습니다.

셋째, 좋은 인간관계를 위해서는 무엇보다도 잘 참아야 합니다. 첫째도 참고, 둘째도 참고, 셋째도 참아야 합니다. 내 마음대로 안 된다고 화를 내고 주먹을 휘두르면 큰 사고가 나지 않습니까? 국제 관계에서도 참고 또 참고 또 참아서 전쟁을 방지해야 합니다. 전쟁을 통해 얼마나 많은 청년들이 죽습니까? 죄 없는 무수한 청년들이 피를 흘리고 비명횡사하는 이런 전쟁을 막기 위해서는 국제 관계에서도 참고 또 참고 대화를 하고 또 대화를 해야 합니다. 우리 인생에서도 부부간에, 부모 자식 간에, 형제 간에, 이웃 간에 참고 또 참고 또 참아야 문제가 해결되고 좋은 인간관계를 가질 수가 있습니다. 그렇기 때문에 성경은 "이제 인내와 위로의 하나님이 너희로 그리스도 예수를 본받아 서로 뜻이 같게 하여 주사"(롬 15:5), "모든 겸손과 온유로 하고 오래 참음으로 사랑 가운데서 서로 용납하고 평안의 매는 줄로 성령이 하나 되게 하신 것을 힘써 지키라"(엡 4:2-3)고 말씀하고 있습니다.

마지막으로 선한 인간관계를 유지하기 위해서는 사랑해야 합니다. 사랑한다는 것은 용서하고 화해하는 것을 말합니다. 사랑하라고 해서 뛰어나가서 얼싸안고 뛰고 구르라는 것은 아닙니다. 사랑하라는 것은 잠잠하게 이웃을 용서하고 화해하는 마음, 관용하는 마음을 가지라는 것입니다. 남편과 아내도 늘 마음이 부딪치지 않습니까? 그러므로 잠잠하게 용서하고 화해

하고 관용하는 마음, 이것이 부부간에, 부모 자식 간에, 형제 간에, 이웃 간에 있을 때 우리는 인간관계를 올바르게 가질 수 있고 행복을 가져올 수 있습니다.

사랑하는 여러분, 잘못된 인간관계는 우리 마음속에 굉장한 슬픔과 고통을 가져옵니다. 부부간에 불화하면 마음이 고통스럽습니다. 부모 자식 간에 상극이 되면 부모의 마음과 자식의 마음이 깊은 슬픔으로 가득 차게 됩니다. 형제 간에 싸워도 괴롭고 이웃 간에 싸워도 마음이 평안하지 않습니다. 그러므로 마음에 평안과 행복을 가져오기 위해서는 인간관계를 올바르게 해야 합니다. 서로 이해하고 동정하고 인내하고 사랑하는 마음으로 살기 위해 끊임없이 노력해야 합니다. 성경은 "오직 사랑으로 서로 종노릇하라 온 율법은 네 이웃 사랑하기를 네 자신같이 하라 하신 한 말씀에서 이루어졌나니"(갈 5:13-14)라고 말하고 있기 때문입니다.

베푸는 삶을 살아야 합니다

소박한 행복을 얻기 위해서 우리는 베풀고 나누는 삶을 살아야 합니다. 우리 일생이 진정 행복한 삶이 되려면, 우리는 이웃과 선한 인간관계를 가질 뿐만 아니라 보다 적극적으로 베풀고 나누는 삶을 살아야 합니다.

프랑스에서 최근 8년 동안 '가장 존경하는 인물' 1위를 차지한 아베 삐에르(Abbe Pierre) 신부는 '엠마오공동체'라는 빈민 구호 공동체를 창설하여 가난하고 소외된 사람들을 돌보는 데 앞장선 분입니다. 이분이 쓴 〈단순한 기쁨〉이라는 책을 보면 다음과 같은 이야기가 실려 있습니다.

한 신사가 자살 직전에 삐에르 신부를 찾아 왔습니다. 그는 자신의 가정적인 문제, 경제적 파탄, 사회적 지위의 실추 등을 거론하며 자신이 죽을 수밖에 없는 이유를 설명하였습니다. 삐에르 신부는 그의 이야기를 다 들은 후에 고개를 끄덕끄덕 하면서 "충분히 자살할 이유가 됩니다. 일이 그렇게 되면 살 수가 없지요. 자살을 결심하는 것은 당연합니다. 자살하십시오. 하지만 죽기 전에 나 좀 도와주고 죽으면 안 되겠습니까? 선생님의 도움이 필요합니다."라고 말했습니다. 이 말에 그 신사는 "뭐 어차피 죽을 것인데, 신부님이 굳이 저를 필요로 하시면 죽기 전에 얼마간 신부님을 돕도록 하지요."라고 대답했습니다. 그래서 그 신사는 삐에르 신부를 도와서 집 없는 불쌍한 사람

들을 위해 집을 지어 주는 일을 열심히 했습니다. 얼마 후 그는 삐에르 신부를 찾아와 이러한 고백을 했습니다. "만일 신부님께서 내게 돈을 주었든지, 살 수 있는 집을 지어 주었든지 했다면 나는 분명 자살했을 것입니다. 그러나 신부님은 내게 아무것도 주지 않았습니다. 오히려 도움을 요청했습니다. 그렇기 때문에 나는 신부님과 같이 다른 사람을 섬기는 일을 하면서 내가 살아야 할 충분한 이유를 찾았습니다. 이제 나는 어떻게 사는 것이 행복한지를 알게 되었습니다."

자신만 바라보고 자기중심적으로 생각할 때에는 죽어야겠다고 결심했지만, 자기를 바라보던 눈을 돌려 다른 사람을 바라보고 다른 사람 중심으로 생각하다 보니 죽어야겠다는 생각이 싹 사라지고 진정한 행복을 발견하게 된 것입니다. 그렇습니다. 사람은 자신만 바라보면 썩어지고 맙니다. 그러나 남을 바라보고 남을 돕기 시작하면 맑고 밝고 환한 생명의 물이 흐르기 시작하는 것입니다. 이스라엘의 사해(死海, Dead Sea)가 물을 흘려 보내지 않고 자기 안에 가두기 때문에 말 그대로 '죽음의 바다'가 된 것과 같은 이치입니다. 고인 물은 썩지만, 흘려 보내는 물은 생명으로 충만합니다. 그렇기 때문에 성경은 "주 예수께서 친히 말씀하신바 주는 것이 받는 것보다 복이 있다 하심을 기억하여야 할지니라"(행 20:35)고 말씀하고 있습니다.

슈바이쳐(Albert Schweitzer) 박사가 운영하는 아프리카의 랑바레네 병원에서 궂은일을 도맡아 하는 미모의 간호사가 있었습니다. 그녀의 이름은 마리아 프레밍거(Maria Preminger)로, 헝가리 귀족의 딸로 태어나 한때 비엔나에서 가장 유명한 연극배우로서 명성을 떨치며 뭇 남성들의 흠모를 받던 재색을 겸비한 미인이었습니다. 그러나 그녀는 결혼에 두 번이나 실패하면서 인생의 깊은 좌절감을 맛보게 되었습니다. 그러던 어느 날 우연히 슈바이쳐 박사의 찬송가 연주를 듣게 된 그녀는 '지금까지 내 인생은 허상뿐이었구나, 남을 위한 삶 속에 진정한 가치가 있구나.'라고 깨달은 후 아프리카로 건너가 슈바이쳐박사의 병원에서 20년 동안 환자들을 돌보다가 일생을 마쳤습니다. 그녀는 숨을 거두기 전 이런 말을 했다고 합니다. "남을 위한 삶이 이렇게 행복한 것을······."

그렇습니다. 그녀는 유럽의 화려한 사교계와 무대 위에서 많은 사람들의 관심과 칭찬을 한 몸에 받았지만 행복을 발견할 수 없었습니다. 왜 그렇습니까? 자기중심으로 살았기 때문입니다. 그러나 아이러니컬하게도 외적인 조건으로는 유럽의 상

류층 세계와 하늘과 땅 차이인 아프리카 오지의 불편한 환경 속에서 그녀는 행복을 발견할 수 있었습니다. 그 이유는 남을 위해 베푸는 삶을 살았기 때문입니다.

서두에서 말한 나폴레옹 역시 마찬가지입니다. 그가 그렇게 열망하던 유럽 대륙 정복과 황제의 자리에 등극하는 꿈을 성취했음에도 불구하고 왜 일생에 단 6일밖에 행복하지 못했다고 말했을까요? 자기중심으로 살았기 때문입니다. 반면 3중고의 장애를 가진 헬렌 켈러가 어떻게 자신의 인생에 대해 기쁘고 행복한 나날이었다고 말할 수 있었을까요? 그녀는 남을 위해 나누고 베푸는 삶을 살았기 때문입니다. 그녀는 자신의 장애를 극복했을 뿐만 아니라, 세계 각국의 많은 장애인들과 고통당하는 자들에게 자신의 경험을 나누면서 희망과 꿈과 용기를 불어 넣어 주었으며 장애인의 권익 및 처우 개선과 같은 사회복지 사업을 위해 일생을 바쳤습니다. 결국 이 두 사람의 불행과 행복의 차이는 행복을 외부 환경에서 찾느냐, 마음에서 찾느냐, 그리고 자기를 위한 행복을 추구했느냐, 타인을 위한 행복을 추구했느냐의 차이에서 비롯된 것이었습니다.

이렇듯 남을 섬기고 남에게 사랑을 베풀고 행복을 나누어 줄 때에야 우리 마음속에 있는 진정한 행복의 샘이 터지게 됩니다. 성경은 "주라 그리하면 너희에게 줄 것이니 곧 후히 되어 누르고 흔들어 넘치도록 하여 너희에게 안겨 주리라"(눅 6:38)고 말합니다. 우리가 남을 위해 사랑과 행복을 나누어 줄 때 우리 안에 있는 더 큰 사랑과 행복의 샘이 터지며 더 큰 사랑과 행복이 우리 품에 안겨 올 것입니다.

사랑하는 여러분, 세상 환경을 통해서는 행복을 얻을 수 없습니다. 그러나 하나님이 주신 것 가운데서는 얼마든지 행복을 누릴 수 있습니다. 이러한 소박한 행복을 얻기 위해 첫째, 우리 주 예수 그리스도 안에서 삶의 의미와 목적을 발견하십시오. 둘째, 주 안에서 탐욕을 버리고 겸허한 마음으로 하나님을 의지하고 사십시오. 셋째, 현재 누리는 건강에 대해 감사하고 혹 그렇지 않다면 하나님과 예수 그리스도의 은혜를 의지하여 치료받고 건강을 잘 관리하십시오. 넷째, 이해와 동정과 인내로 선한 인간관계를 유지하십시오. 마지막으로 베풀고 나누는 삶을 사십시오. 이 다섯 가지 조건들을 잘 조절하면 우리는 소박한 행복을 가질 수 있습니다. 그렇게 할 때 들었다 놓았다 하는 떠들썩한 행복이 아니라, 남이 알아주지 않아도 조용하고 잠잠하게 인생을 즐기고 기쁘게 사는 소박한 행복을 누리게 될 것

입니다. 그리하여 이 행복을 누리는 여러분이 되실 뿐만 아니라 보다 많은 이들에게 이 행복을 나누어 주는 '아름다운 행복의 유통자(流通者)'가 되시기를 간절히 축원합니다.

행복한 생활의 조건

"스스로 속이지 말라 하나님은 업신여김을 받지 아니하시나니 사람이 무엇으로 심든지 그대로 거두리라 자기의 육체를 위하여 심는 자는 육체로부터 썩어질 것을 거두고 성령을 위하여 심는 자는 성령으로부터 영생을 거두리라 우리가 선을 행하되 낙심하지 말지니 포기하지 아니하면 때가 이르매 거두리라 그러므로 우리는 기회 있는 대로 모든 이에게 착한 일을 하되 더욱 믿음의 가정들에게 할지니라" (갈 6:7-10)

존 쉰들러(John A. Schundler)는 "'행복'이란 우리의 생각과 마음의 상태가 기쁨 속에 있는 순간이다."라고 말하였습니다. 하나님께서는 인간을 행복을 추구하는 존재로 지으셨습니다. 이 세상에 사는 사람 중 행복해지기를 원치 않는 사람은 아마 한 사람도 없을 것입니다. 지상에 있는 모든 사람들은 행복하게 살 권리가 있습니다. 그러나 대부분의 사람들이 행복한 생활 대신에 불행한 생활을 하면서 슬프고 고단한 인생을 살아가고 있습니다. 그 이유는 그들이 행복으로 걸어가는 길을 알지 못하기 때문에 그런 것입니다.

행복은 행복해지기 원하는 여러분 각자의 마음의 결단에 달려 있습니다. '나는 행복해지기로 마음먹었다. 어떠한 경우

든 행복을 선택할 것이다. 매 순간 불행을 선택하는 대신 행복을 선택하겠다.'라는 마음의 선택과 결단이 우리의 삶을 행복으로 이끌어 가는 것입니다.

아브라함 링컨(Abraham Lincoln)도 "대개의 사람들은 행복해지고자 마음에 작정한 정도에 따라 행복해질 수 있다."고 말하였습니다. 즉, 많이 행복해지겠다고 마음속에 작정하면 많이 행복해지고 적게 행복해지겠다고 마음먹으면 적게 행복하며, 행복하지 않겠다고 작정하면 행복하지 않을 수도 있다는 것입니다. 우리의 인생에서 행복도 자신이 만들어 가는 것이고 불행도 자신이 만들어 가는 것이라는 뜻입니다.

결국 행복이란 환경이나 조건에 의해 결정되는 것이 아니라 마음에 품고 있는 생각이나 삶의 태도에 의해 결정되는 것입니다. 저는 여러분에게 세상에 살면서 부유하든지 가난하든지 건강할 때든지 병들 때든지 환경이나 조건과 관계없이 행복을 잃지 않고 누리면서 살아갈 수 있는 비결을 제시해 드리고자 합니다.

행복한 삶을 위해서는 매일의 생활 중 주님을 영화롭게 하기로 마음에 결심해야 합니다

한번은 제가 성회를 인도하기 위해 여행을 하던 중 비행기 안에서 여 승무원 한 사람을 전도한 일이 있습니다. 그 여자 승무원은 초면인 저에게 "목사님, 저는 살고 싶은 생각이 없어요. 죽어버리고 싶어요."라며 자신의 솔직한 심정을 털어 놓았습니다. 저는 그 자매에게 "당신이 살고 싶지 않고 죽고 싶은 이유는 당신의 삶의 내용이 텅 비었기 때문에 그렇습니다. 당신의 삶에 분명한 목표가 있으면 매일매일의 생활이 활기찰 것입니다. 그런데 당신은 삶의 내용을 잃어 버렸습니다. 그 내용이 무엇이 되어야 하겠습니까? 우리를 위해 십자가에 죽으시고 부활하신 예수 그리스도를 삶의 중심에 모시고 천지를 지으신 하나님을 영화롭게 하는 삶을 살 때 당신은 살아갈 의미와 가치를 찾을 수 있게 될 것입니다. 나아가 궁극적인 삶의 목표가 영원한 하늘나라에 도달하는 것임을 알면 당신은 목적 있는 인생이 되므로 행복을 얻을 수가 있습니다."라고 말한 다음 기도

를 해 주었습니다.

이때 건너편 자리에 앉아 연거푸 담배를 피우고 있다가 그만 담배를 꺼 버리고 한참 전도하고 있는 저의 말에 귀를 기울이고 있는 노신사의 모습이 보였습니다. 저는 못 본 체하고 계속해서 전도를 했습니다. 아닌 게 아니라 전도를 다 하고 난 다음에 그 어른께서 저를 보시더니만 "제가 말씀을 좀 여쭈어도 괜찮겠습니까?" 하는 것입니다. 그래서 제 옆자리에 모시고 그 어른의 말을 들었습니다. "나는 상당히 성공한 사람입니다. 나는 집도 있고, 돈도 있고, 사회적인 지위도 있고, 명예도 있는 사람입니다만 그 무언지 모르게 인생이 늘 시들하고 공허합니다. 삶에 의욕이 없습니다. 마음이 늘 괴롭습니다. 이거 왜 그럴까요?"

또다시 저는 그 어른에게 다음과 같이 설명을 했습니다. "당신의 마음이 공허하고 시들한 이유는 마음속이 텅 비어 있기 때문입니다. 삶의 내용이 없기 때문에 아무리 잘 먹고 잘 입고 겉으로 볼 때 근사하게 지낸다 해도 속이 텅 비어서 허기증이 생기는 것입니다. 내용이 있어야 하는데 그 삶의 내용은 예수 그리스도밖에 없습니다. 예수를 믿으십시오. 그리고 하나님을 영화롭게 하는 것을 목표로 삼고 이를 위해 사십시오. 그러면 당신의 삶에 의미와 가치가 부여되고 당신은 더 이상 영적 허기증에 시달리지 않게 될 것입니다. 하나님을 만나러 천국에 가는 것이 삶의 궁극적인 목표가 될 때 동남풍이 불고, 서북풍이 불고, 세월이 흘러가고, 환경이 변해도 변치 않는 삶의 의미와 가치와 목적을 가지고 행복하게 살 수 있습니다." 그러고 나서 제가 그분을 위해 기도를 해 드렸습니다.

여러분, 외적으로 아무리 풍족하게 모든 것을 갖추고 살아간다 할지라도 속이 텅 비어 있으면 행복은 절대로 다가오지 않습니다. 참된 행복을 얻기 위해서는 현실의 환경을 초월한 궁극적인 삶의 목표를 가져야만 합니다. 인간은 목표와 가치를 추구하는 존재이기 때문에 삶의 목표를 잃어버리고 삶의 가치를 상실해 버린다면 어떠한 일에도 행복을 느낄 수가 없습니다. 삶의 목표가 분명하고, 살아가야 할 이유와 가치가 분명할 때, 인간은 행복할 수 있는 것입니다.

어거스틴(Aurelius Augustinus)은 그의 참회록에서 "인간은 누구나 그 마음에 하나님이 아니고서는 채울 수 없는 빈 방을 가지고 있다. 우리의 인생은 그 빈 공간을 하나님이 아닌 다른 것으로 채우려 하기 때문에 불행해질 수밖에 없다."고 말하였습니다. 여러분, 행복은 진실로 내면이 예수님으로 가득 채워질 때에만 얻을 수 있습니다.

　세상의 부귀영화와 공명, 지위, 권세 등이 여러분의 삶의 목적이 된다면 어느 순간 쌓아 놓은 모든 것이 사상누각(沙上樓閣)처럼 허물어지는 것을 경험할 수밖에 없습니다. 이에 대해 성경은 "모든 육체는 풀과 같고 그 모든 영광은 풀의 꽃과 같으니 풀은 마르고 꽃은 떨어지되 오직 주의 말씀은 세세토록 있도다"(벧전 1:24-25)라고 말하고 있습니다. 오로지 세상적인 목적과 가치를 추구하는 사람은 인생의 어느 시점에서 결국 모든 것들이 다 무너지고 사라지게 될 때 말할 수 없는 공허와 절망을 경험하게 되는 것입니다. 따라서 우리가 참으로 행복해지기 위해서는 흔들리지 않고 빼앗기지 않는 토대 위에서 사라지지 않는 궁극적이고도 영원한 목표를 가져야 합니다.

　이 궁극적이고 영원한 목표와 가치에 대하여 성경은 "하나님이 세상을 이처럼 사랑하사 독생자를 주셨으니 이는 그를 믿는 자마다 멸망하지 않고 영생을 얻게 하려 하심이라"(요 3:16)고 말씀합니다. 또한 "우리 주 예수 그리스도의 아버지 하나님을 찬송하리로다 그의 많으신 긍휼대로 예수 그리스도를 죽은 자 가운데서 부활하게 하심으로 말미암아 우리를 거듭나게 하사 산 소망이 있게 하시며 썩지 않고 더럽지 않고 쇠하지 아니하는 유업을 잇게 하시나니 곧 너희를 위하여 하늘에 간직하신 것이라"(벧전 1:3-4)고 말씀합니다. 즉, 예수 안에서 가치와 행복을 얻을 수 있다는 것입니다. 예수 그리스도만이 우리의 진정한 소망이 되신다는 것입니다. 우리가 죄를 지었음에도 불구하고 못났음에도 불구하고 버림을 받아야 마땅함에도 불구하고, 하나님의 아들 나사렛 예수 그리스도께서 십자가에 못 박혀 죽으심으로 우리의 죄와 허물을 다 청산하시고 부활하신 것을 믿고 예수를 구주로 모실 때, 여러분 가슴속에는 살아가야 할 궁극적인 목표가 생기는 것입니다.

그러나 썩고 쇠하고 사라질 것에 인생의 목표와 가치를 두고 살아가는 사람은 그러한 삶을 추구할수록 더 큰 절망을 경험할 수밖에 없습니다. 진실로 행복해지기를 원하는 사람은 현실의 환경을 초월한 삶의 목표와 가치를 하나님께 두고 살아야 합니다. 또한 동남풍이 불고 서북풍이 불어도, 지진이 나고 나라가 변하고 역사가 변천되어도, 우리는 예수 그리스도를 삶의 목표와 가치로 삼고 살아가야 합니다. 이와 같이 참된 삶의 근원적인 목적과 가치가 여러분 속에 주어지면 환경이 좋을 때도 감사하며 '할렐루야!', 환경이 어려워질 때에도 동요되지 않고 감사하며 '할렐루야!' 라고 고백할 수 있는 것입니다.

제가 목회 생활 50년 동안에 발견한 가장 위대한 발견은 우리 하나님께서 좋으신 하나님이라는 것과 예수 그리스도께서 삶의 근원과 목적이 되신다는 사실입니다. 당시는 헐벗고 굶주리고 생활이 참으로 어렵고 힘들었습니다. 사방을 둘러보았지만 어디에서도 희망이라고는 찾아볼 수 없었습니다. 그러나 그 가운데 하나님이 좋으신 하나님이신 것과 예수 그리스도께서 삶의 근원과 목적이 되신다는 것을 발견하게 되고, 나의 인생이 하나님의 뜻과 계획 안에 있다는 것을 깨닫게 되자, 순간 세상을 다 얻은 것 이상으로 마음이 기쁘고 행복했습니다. 천막 교회에 가마니를 깔고 예배드리며 추위와 더위로 고생하고 생활은 궁핍하여 늘 굶주릴 수밖에 없었지만 마음에 기쁨의 샘이 넘쳐나고 행복했습니다. 참으로 행복했던 시절이었습니다.

이렇게 인간은 그 마음이 하나님께서 주신 삶의 의미와 가치와 보람으로 가득 채워져야 합니다. 나아가 이 하나님만을 영화롭게 하는 것을 목표로 삼고 살아갈 때, 자신의 존재 의미와 가치를 발견하게 되고 자존감을 갖게 되며 어떠한 형편에 있든지 삶의 기쁨을 얻을 수가 있습니다. 하나님을 매일 매일 영화롭게 하기 위해서 사는 길밖에는 다른 길이 없는 것입니다.

행복한 삶을 위해서는 매일 정한 시간 성경을 연구하고 기도해야 합니다

사람은 하루만 양식을 먹지 않아도 허기증이 생기고, 이틀 사흘 굶으면 그다음은 밥 생각밖에 나지 않고 신경이 곤두서게 됩니다. 그러나 사람은 육신의 양식만 먹고는 살 수가 없습니다. 육신의 양식과 함께 영적인 양식, 마음의 양식을 먹어야 되는 것입니다. 영적으로나 심적으로 굶주린 사람에게 행복이 다가올 수가 있겠습니까? 믿음, 소망, 사랑, 기쁨, 평화가 마음속에 넘쳐날 수 있겠습니까? 사랑과 희락과 화평과 오래 참음과 자비와 양선과 충성과 온유와 절제와 같은 귀한 열매들은 하나님의 말씀을 매일같이 먹어야 맺을 수 있는 열매들입니다.

우리가 삼시 세 때 육신을 위해 양식을 먹는 것처럼 매일같이 하나님의 말씀을 착실히 먹고 묵상해서 이 말씀이 우리 가운데 충만하게 될 때 우리는 허기증을 느끼지 않고 다가오는 여러 가지 시험과 환란을 이겨 나갈 수 있는 내적인 힘을 얻을 수가 있습니다. 즉, 하나님의 말씀으로 영양을 공급받아야 우

리 안에 행복의 조건이 갖추어지는 것입니다. 하나님의 말씀이 우리 영혼에 양식이 될 때 여러분과 나의 삶 가운데 사랑이 자라고, 평안도 자라고, 오늘에 대한 확신도 자라고, 내일에 대한 희망도 자라며 마침내 행복을 누릴 수 있는 그릇이 삼십 배, 육십 배, 백 배로 성장하게 되는 것입니다.

나아가 우리는 기도해야 합니다. 기도는 하나님과 교제하는 것입니다. 사람과도 서로 대화하지 않고는 친해질 수 없는데 하나님과 친해지려면 반드시 시간을 정해 놓고 기도해야 합니다. 교회에 왔다 갔다 하지만 개인적으로 하나님과 깊은 기도의 교제가 없으면 성령이 내 마음속에 충만하지 않습니다.

저는 매일같이 한 시간 반에서 두 시간 이상 새벽에 일찍 일어나서 기도를 하지 않으면 마음속에 공허가 이루 다 말할 수 없습니다. 그날 나와서 무슨 일을 해도 일이 잘 안 되고, 신경질이 나고, 화가 나는 일만 자꾸 생겨나는 것입니다. 그러나 하루에 한 시간 반 내지 두 시간 이상 주님께 나아가 모든 일을 고하고 아뢰며 하나님과 대화를 하고 나면, 그날은 마음에 성령이 충만하고 기쁨이 넘쳐나게 됩니다. 하나님께서 어떤 일을 당해도 능히 해결할 수 있는 힘과 능력과 지혜와 총명을 공급해 주십니다. 모든 일이 합력하여 선을 이룬다는 믿음을 얻을 수 있습니다.

　인생을 살면서 염려를 배제하고 살 수가 없습니다. 문제없는 인생이란 없습니다. 가는 곳마다 염려가 다가오고, 문제가 다가오고, 시험과 환란이 다가옵니다. 이것을 이겨 내지 못할 때 고통스러운 것입니다. 하지만 문제를 능히 이겨 낼 수 있는 내적인 힘이 있을 때 우리는 어떠한 시련과 환란이 다가와도 당당하게 승리할 수 있습니다. 이러한 내적 힘을 얻기 위해서 우리는 말씀을 먹어야 하고 기도해서 성령 충만을 받아야 합니다. 말씀과 성령이 충만한 사람은 어떠한 시험과 환란이 다가와도 문제를 오히려 변화시켜서 자신의 밥으로 만들어 버리고 또 힘을 얻게 만들 수 있습니다.

　스위스의 철학자인 칼 힐티(Carl Hilty)는 "인생의 최대 행복은 하나님 가까이 있는 것이다."라고 했습니다. 그는 특별히 인간 행복에 대하여 관심을 가지고 연구를 했습니다. 그러나 아무리 인간적인 방법과 논리, 그리고 지식을 가지고 행복을 추구하려 해도 이는 추상적인 것에 불과했습니다. 결국 그가 발견한 것은 성경을 읽고 성경 안에서 참다운 행복을 깨닫는 것이었습니다. 그 후 힐티는 모든 사람들의 추앙을 받는 행복론

자가 되었고, 77세로 생을 마감하는 순간까지 매일같이 성경을 읽고, 기도하고, 감사하고, 찬송하는 생활을 했습니다. 그는 자신의 〈행복론〉에서 '주 안에 있는 시간이 행복한 시간이며, 찬송하는 시간이 평화로운 시간임'을 확실히 깨닫고 이를 증거했습니다. 그가 세상을 떠난 후 그의 책상에서 빛바랜 낡은 성경과 '영원한 평화'라는 아직 완성되지 않은 논문이 발견되었는데, 거기에는 이런 글이 적혀 있었습니다. "진정한 행복은 그리스도에게 있으니 파랑새를 잡으려 하는 허황된 행복론자들이여, 어서 속히 주님 품으로 돌아오라!"

진정한 행복은 예수 그리스도 안에 있습니다. 기도와 말씀 안에서 예수님과의 사랑의 관계 안에서만 인간은 가슴 가득한 기쁨과 행복을 찾을 수 있습니다. 예수 밖에 있는 것은 다 거짓이요, 허위요, 마귀의 속임수에 불과한 것입니다. "헛되고 헛되며 헛되고 헛되니 모든 것이 헛되도다"(전 1:2)는 전도자의 고백과 같습니다. 물거품은 분명히 있지만 붙잡아 보면 그 속에 아무것도 없는 것과 마찬가지입니다.

그러므로 행복한 삶을 살기 원하시는 여러분, 매일 정한 시간에 성경을 연구하고 기도하는 것을 게을리 하지 마시기를 주님의 이름으로 축원합니다.

행복한 삶을 위해서는 매일 마음의 병을 청산해야 합니다

잠언 17장 22절은 "마음의 즐거움은 양약이라도 심령의 근심은 뼈를 마르게 하느니라"고 말씀합니다. 세상을 사는 동안 육신에 여러 가지 질병이 다가오는 것과 같이 사람의 마음에도 끊임없이 병이 다가옵니다. 마음에 병을 키워 놓으면 그 후에는 죽음이 다가오는 것입니다. 그렇기 때문에 마음에 죽음이 다가오기 전에 마음이 병들지 않도록 질병을 일으키는 요인들을 제거해야 합니다.

마음의 병은 무엇으로 생길까요? 미움이나 분노, 울분, 원한 등을 그대로 내버려 두면 이것이 마음에 무서운 파괴적인 병을 일으키게 됩니다. 이에 대해 성경은 "분을 내어도 죄를 짓지 말며 해가 지도록 분을 품지 말고"(엡 4:26)라고 말씀합니다. 인생을 살다 보면 마음속에 성날 일, 미워할 일, 분노, 원한, 마음이 상하는 일 등을 당하지 않고 살 수 없습니다. 그러나 이것을 마음에 품은 채로 하루를 보내고 잠자리에 들어가면 결국

우리의 심신(心身)에 무서운 파괴력을 가져옵니다. 미움이 들어오고, 분노가 들어오고, 원한이 마음속에 사무치더라도 해가 지기 전에 주님 앞에 나와 이것을 다 고백함으로 청산해 버리고 예수의 피로 씻어 버리고 흘러가는 물처럼 흘려보내시기를 주님의 이름으로 축원합니다.

그뿐 아니라 사람인 이상 마음속에 불안과 공포가 없을 수가 없습니다. 환경에 여러 가지 불안과 공포가 소용돌이치며 다가옵니다. 그러나 불안과 공포가 다가올 때 이로 인해 전전긍긍하지 말고 하던 일을 잠시 중단하고 골방에 들어가서 하나님께 부르짖으십시오. 왜냐하면 하나님은 이 세상의 어떠한 불안과 공포도 능가하는 더 위대한 분이시기 때문입니다. 이 위대하신 하나님께 나아가 여러분의 마음을 열어 놓고 간절히 기도하십시오. 예수 그리스도의 사랑이 마음속에 충만하고 하늘과 땅을 지으신 하나님께서 나를 사랑하시고 품어 주신다는 확신이 생기면 더 이상 두려워할 것이 없게 됩니다.

다음으로 부정적인 마음과 좌절감을 청산해야 합니다. 부정적인 환경과 부정적인 생활의 여러 요건이 다가올 때 이것을 그대로 받아들여서 부정적인 마음이나 좌절감을 가지게 되면 결국 인간은 파멸을 당하고 맙니다. 부정적인 것을 찾아서 그것을 집중적으로 바라보면 그 마음이 부정적이고 파괴적이 될 수밖에 없습니다. 그러나 우리의 환경 가운데서 맑고 밝고 환하고 희망찬 것을 바라보고 그것을 집중적으로 생각하고 그것을 마음속에 받아들이면, 긍정적이고 적극적이며 창조적이고 생산적인 삶의 태도를 취할 수가 있는 것입니다. 결국 행복이란 마음의 선택과 결정에 달려 있습니다.

우리의 가정생활에서도 그렇습니다. 가정에 많은 일들이 발생하는데 그 일어나는 일들 가운데서 부정적인 요소를 다 끌어 모아서 자신의 무덤을 만들 수도 있습니다. 그러나 그러한 부정적인 요소가 있음에도 불구하고 소망과 기쁨으로 온 가정을 충만하게 채울 수도 있는 것입니다. 이처럼 행복과 불행, 절망과 소망은 여러분과 제 마음의 선택에 달려있다는 것을 알아야 합니다. 그렇기 때문에 우리는 부정적인 환경이나 좌절을 가져오는 환경을 그대로 받아들여서 마음까지도 부정적이 되어 좌절하는 일이 있어서는 될 것입니다.

그리고 죄책을 마음속에 가지고 있어서는 안 됩니다. 죄를 짓고 죄책감이 생기면 곧장 하나님께 회개하고 죄를 버리고 양심의 소리를 들어서 마음을 청결하고 깨끗하게 해야만 행복이 다가오지, 양심의 죄책을 가지고서 그대로 산다면 행복은 다가

오지 않습니다. 또 거짓된 죄책도 있습니다. 사실은 죄가 아닌데도 죄스러운 생각이 든다면 예수의 피로 씻어 버리고 정하게 해서 마음을 맑고 밝고 환하게 가짐으로 행복을 소유할 수 있어야겠습니다.

저는 하루에도 수십 번씩 예수 그리스도의 십자가를 통하여 죄 용서받은 것을 묵상합니다. 소가 풀을 뜯어 먹고 이를 소화시키기 위해 되새김질을 하는 것과 같이 저는 매일 오중복음을 묵상하고 반추합니다. 그것이 오늘날 저로 하여금 한국과 세계에 복음을 전하고 열매를 맺게 하는 힘과 원동력이 되었습니다. 십자가를 통하여 성령이 내게 와 계신 것을 묵상하고, 십자가를 통하여 내가 치료받은 것을 묵상하고, 십자가를 통하여 내가 저주에서 해방되고 축복받은 것을 묵상하고, 십자가를 통해 이루어진 그리스도의 재림과 승천을 언제나 묵상합니다.

저는 아침에도 되씹고 점심때도 되씹어 보고 저녁때도 되씹어 보고 묵상합니다. 오중복음의 터 위에 서서 영혼이 잘됨같이 범사에 잘되고 강건함을 얻은 사람이 되었다는 것을 거듭거듭 묵상하고 거듭거듭 마음에 확정하고 거듭거듭 시인합니다. 때문에 어떠한 문제에 직면한다 해도 그것을 이겨 나갈 수 있다는 확신이 꽉 들어차 있는 것입니다. 마음에 말씀과 묵상을 통해서 하나님의 생각이 꽉 들어차 있을 때 하나님은 그 생각대로 이루어 주십니다.

행복한 삶을 위해서는 가족들과 교제하며 친해지도록 노력해야 합니다

오늘날 현대인들은 생활이 너무나 복잡하고 바쁘기 때문에 각자가 맡은 일에 분주하여 가족들과 친해질 여유가 없습니다. 부부간에도 친해질 여유가 없고 더구나 부모 자식들 간에는 더더욱 친해질 시간이 없으므로 대화가 막혀버릴 때가 많습니다. 이것이 가장 큰 불행의 요소 중 하나입니다.

여러분, 우리가 이 세상에서 애쓰고 힘써서 일하고 돈 벌고 하는 모든 것이 아름다운 가정을 이루어 행복하게 살기 위함이 아니겠습니까? 때문에 우리는 있는 힘을 다해 시간을 내어서 어찌하든지 부부간에 대화의 창구를 열어 놓고, 부모와 자식 간에 대화의 창구를 열어 놓고, 조금이라도 시간적 여유가 있으면 그 시간을 통해 가족들과 친해지도록 노력해야 합니다. 그럴 때 가정에 따뜻한 화목의 기류가 돌기 시작하는 것입니

다. 가장 깊은 마음의 대화도 가정 안에서 이루어지고, 가장 따뜻한 사랑을 나눌 보금자리도 가정입니다. 상처 입었을 때 그들을 받아 주고, 오해받았을 때 이해해 주며, 세상에서 고난을 당했을 때 그것을 따뜻하게 품어 줄 수 있는 것은 가정과 가족밖에 없습니다. 이렇기 때문에 가정과 가족을 따뜻하게 보전해 놓지 못하면 치료받을 수 있는 처소를 잃어버리고 마는 것입니다. 여러분, 즐거움도 가족과 함께 즐거워해야 진짜로 즐겁지, 가족과 함께 나눌 수 없다면 즐거움이 없습니다.

저는 복음을 전하기 위해 해외에 자주 나가는 편입니다. 세계 여러 곳에서 아주 아름다운 경치를 볼 때면 '아내하고 같이 와서 보았다면 얼마나 좋았을까? 혼자 보지 말고 아내와 같이 보면서 이것을 설명해 주면 더 큰 행복의 플러스가 되지 않겠는가?' 맛있는 음식을 먹을 때에는 '야, 이것을 우리 부모님에게 좀 갖다 드리면 좋겠다.' 늘 이런 생각을 하게 됩니다. 좋은 것을 가족들과 함께 나눌 때 나누면 나눌수록 기쁨과 행복이 배가 될 수 있다는 것을 깨닫게 되시기를 바랍니다.

행복한 삶을 위해서는 매주일 성도들과 친교를 가져야 합니다

사람은 사회적인 존재이므로 절해(絶海)의 고도(孤島)에 사는 것처럼 혼자 살 수 없습니다. 서로 교제하고 살아야 됩니다. 사람들은 서로 친근하게 대화할 수 있는 상대가 있어야 고독을 면할 수 있습니다. 세상에서 가장 무서운 병이 고독입니다. 때문에 사람들이 혼자 살 수 없는 가장 큰 이유는 경제적인 여건보다도 정신적인 고독을 견딜 수가 없기 때문입니다. 사람은 서로 만나서 대화하고 교제함으로 말미암아 자신이 누구인가를 발견하고 자아를 확립해 나갑니다. '내가 좋은 사람인가, 나쁜 사람인가, 행복한 사람인가, 불행한 사람인가, 의로운 사람인가, 불의한 사람인가?'는 사람들과의 대화를 통해 확인해 볼 수 있습니다. 그리고 우리 예수 믿는 성도들은 교제를 통해 서로가 서로의 신앙에 불을 붙여 주고, 서로가 서로의 모자라고 부족한 점을 보충해 줄 수 있습니다.

교제에는 두 가지 종류가 있는데 그것은 하나님과의 교제와 인간과의 교제입니다. 이 둘은 별개의 것이 아니라 서로 밀

접한 관계를 맺고 있습니다. 하나님과의 교제가 중요한 만큼 사람 사이의 교제도 중요한 것입니다.

성도의 교제를 말할 때 '코이노니아'(κοινωνία)라는 단어를 많이 사용하는데 이는 헬라어로서 협동 또는 친교를 뜻하는 말입니다. 이 낱말은 초대 교회 안에서 성도 간의 교제, 즉 성령 안에서의 교제를 뜻합니다. 그리스도를 믿는 사람들의 친교나 모임의 이상적인 상태를 일컫는 말입니다.

성도의 교제는 단순히 개인적인 사귐에만 그치는 것이 아니라 그리스도의 한 지체로서 그리스도의 몸을 이루어가는 것입니다. 성경 에베소서 4장 3절과 4절은 "평안의 매는 줄로 성령이 하나 되게 하신 것을 힘써 지키라 몸이 하나요 성령도 한 분이시니 이와 같이 너희가 부르심의 한 소망 안에서 부르심을 받았느니라"고 말씀합니다. 온전한 성도의 교제를 이루기 위해서는 무엇보다 '사랑'이 필요합니다.

저는 여러분이 구역 예배에 착실히 출석해서 성도 간에 사랑의 교제와 나눔의 시간을 갖기를 원합니다. 주일 예배에는 많은 성도들과 한꺼번에 모여서 예배를 드려야 하기 때문에 서로서로 얼굴을 마주 대하고 대화하며 교제할 수 있는 기회가 주어지지 않습니다. 얼굴과 얼굴의 대화는 이루어져도 마음과 마음의 대화가 없어 삭막하게 되는 것입니다. 그러나 구역 예배에 참석해서 구역장, 지역장들과 함께 모여 서로 얼굴과 얼굴을 마주 대하고 마음과 마음을 털어놓고 대화를 하게 될 때, 우리의 삶이 풍성하고 윤택해지며, 삶의 기쁨과 보람을 느끼게 됩니다. 그러므로 교회에 와서 외롭게 신앙생활 하지 말고, 반드시 구역에 소속되어서 구역 간에, 이웃 성도 간에 교제를 나눔으로 말미암아 교제와 나눔의 즐거움 가운데 들어가시기를 주의 이름으로 축원합니다.

행복한 삶을 위해서는 매주일 이웃을 위해 좋은 일 한 가지씩을 하고 살아야 합니다

이 세상은 이기주의로 꽉 들어차 있습니다. 누가복음 15장의 탕자의 비유를 보면, 탕자가 아버지께 나와서 "내게 속한 분깃을 내게 주소서, 내게 주소서, Give me, Give me."라고 말합니다. 오직 자신만을 생각하는 탕자는 결국 자신의 소유를 다 끌어 모아 가지고 먼 나라로 가서 허랑방탕하고 말았습니

다. 이기주의자는 결국 스스로의 욕망을 따라 살다가 쾌락주의로 전락하고 인생을 허랑방탕하게 허비해 버리고 맙니다. 허랑방탕한 결과 그는 정신적으로 육체적으로 황폐해질 수밖에 없었고, 생활의 기근을 극복하기 위해 결국 돼지 치는 일자리를 찾았습니다. 그는 돼지와 함께 먹고 동거하는 신세로 전락해 버리고 만 것입니다. 인간이 이기심의 노예가 되어서 오로지 자신만 잘 먹고 잘 입고 잘 살겠다고 욕심을 부리면 종국에 가서는 짐승과 같은 존재가 되어 버리고 맙니다.

결국 철저하게 절망한 탕자가 자신의 잘못을 크게 깨닫고 자아가 깨어진 상태로 아버지에게 돌아가게 되었습니다. "이에 스스로 돌이켜 이르되 내 아버지에게는 양식이 풍족한 품꾼이 얼마나 많은가 나는 여기서 주려 죽는구나 내가 일어나 아버지께 가서 이르기를 아버지 내가 하늘과 아버지께 죄를 지었사오니 지금부터는 아버지의 아들이라 일컬음을 감당하지 못하겠나이다 나를 품꾼의 하나로 보소서 하리라 하고 이에 일어나서 아버지께로 돌아가니라"(눅 15:17-20). 결국 탕자는 물질뿐만 아니라 아버지의 아들로서의 자격도 상실하고 자아가 완전히 깨어진 상태로 돌아오게 되었습니다.

이와 같이 우리가 이 세상에 살면서 "내게 주소서, 내게 주소서." 하면서 나를 위해, 내게만, 내 중심으로, 이기적으로만 산다면 하나님께서 우리에게 주신 풍성한 삶과 이를 누릴 수 있는 자격 모두를 잃어버리게 됩니다. 탕자가 아들로서의 지위와 자격을 상실해 버린 경우와 같이, 가족을 돌보지 않는 이기적인 남편은 한 가정에서 가장으로서의 자격을 상실합니다. 이기적인 아내는 한 가정을 보금자리로 만들 수 없습니다. 또한 이기적인 자녀는 부모를 크게 불행하게 만들고 맙니다.

이러므로 여러분, 매주일 우리의 이웃을 위한 좋은 일 한 가지씩을 하고 살아야 합니다. 남편은 매주일 '요번 주일은 내 아내를 위해서 한 가지 좋은 일을 하자, 아내를 연구해서 아내를 위해서 가장 좋은 일을 한 가지 해 주자.' 라고 결심해 보십시오. 아내도 '남편과 가족들을 기쁘게 할 수 있는 좋은 일을 한 가지씩 찾아 해 보자.' 라고 결심해 보십시오. 부모는 자식에게, 자식은 부모에게 '우리 한 주일에 적어도 한 건이라도 좋은 일을 한번 해 보자. 우리 가족이 힘을 모아서 못살고 헐벗고 굶주린 사람들에게 옷 한 벌, 쌀 한 되, 따뜻한 말 한 마디라도 전하며 좋은 일 한번 해 보자.' 라고 제안해 보십시오. 이와 같이 이웃과 좋은 것을 나누고 이웃에게 선을 베풀 때 삶의 보람을 창조하는 것입니다. 삶의 보람을 창조하기 위해 나누어 주고, 나

누어 갖고, 이웃을 도와주고, 이웃을 위해 좋은 일을 하는 여러분이 되시기를 주님의 이름으로 축원합니다.

그런데 무엇보다도 우리가 이웃에 해 줄 수 있는 가장 좋은 일은 예수 그리스도의 복음을 전해 주는 것입니다. 성경은 "사람이 만일 온 천하를 얻고도 자기 목숨을 잃으면 무엇이 유익하리요, 사람이 무엇을 주고 자기 목숨과 바꾸겠느냐"(막 8:36-37) 라고 말씀합니다. 우리가 이웃에게 해 줄 수 있는 가장 위대한 일은 영원한 지옥 불에 들어갈 사람을 영원한 생명의 길로 이끌어 주는 일입니다. 이웃에게 구원의 복음을 전해 주는 것보다 더 보람차고 좋은 일은 없습니다. 그렇기 때문에 우리는 때를 얻든지 못 얻든지 전도해야 됩니다.

저는 비행기 여행을 많이 하기 때문에 비행기를 탈 때마다 전도하기로 결심을 합니다. 한번은 제가 미국으로 가는 비행기 안에서 하나님께 '아버지여, 성령으로 역사해서 전도하게 해 주시옵소서.' 라고 기도하였습니다. 그러자 그날은 온 비행기 안의 승무원들이 다 모여 와서 예수 그리스도의 복음을 듣고 회심하는 역사가 일어났고, 저는 미국에 도착하기 전까지 그들을 안수해 주느라고 정신이 없었습니다. 개인 문제, 가정 문제, 생활 문제, 결혼 문제 할 것 없이 온갖 문제를 가지고 나와서 이를 위해 기도를 해 주고 나니 어느덧 비행기가 미국에 도착해 있었습니다. 이처럼 남을 도와주다 보니 시간 가는 줄도 모르고 그렇게 보람 있고 좋을 수가 없었습니다.

우리가 하나님께로부터 받은 은혜만큼 이웃에게 나누어 줄 때 비로소 생동하는 생명의 역사가 일어납니다. 하나님은 우리에게 햇빛을 주시고 공기를 주시고 물을 주시고 오곡백과를 주시고 생명을 주셨습니다. 이 모든 것을 받고 난 다음에 우리도 하나님께 드리고 이웃과 나누는 삶을 살 수 있어야 합니다. 이로 인해 우리 안에 생동하는 생명의 역사가 이루어지게 됩니다.

무엇보다도 하나님께서 우리에게 하늘 문을 여시고 성령을 부어 주시고 은혜를 주신 이상, 우리들은 열방을 향해서 이 복음을 전해야만 합니다.

성경은 "주라 그리하면 너희에게 줄 것이니 곧 후히 되어 누르고 흔들어 넘치도록 하여 너희에게 안겨 주리라"(눅 6:38)고 말씀하고 있습니다. 우리가 축복을 받을 때 이웃과 나누지 않는다면 더 이상 복을 받을 수 없게 됩니다. '하늘나라의 법칙'이란 놀라운 법칙입니다. 우리에게 축복이 올 때 자꾸 남에게 그 축복을 나누어 주어야 생명의 역사가 일어납니다. 물질

도 나누어 주고, 신령한 은혜도 나누어 주고, 사랑도 믿음도 소망도 자꾸 나누어 줄 때, 우리에게 축복은 계속해서 넘치게 채워집니다. 그러나 나누어 주는 것을 중단하고 '내게 주시옵소서, 내게만 주시옵소서!' 하고 움켜쥔다면 그때부터 채워지는 역사가 중단됩니다.

세상 사람들은 무엇이든지 내 손에 들어오는 것은 내가 힘차게 쥐고 있어야 더 잘 살게 될 줄 생각하고 있는데 실제 하늘나라 법칙은 그렇지 않습니다. 내게 들어오는 것만큼 자꾸 다른 사람에게 나누어 주어야 잘되는 것입니다. 또한 비워지는 만큼 채워질 때 생동하는 생명력 있는 삶을 살 수 있습니다. 하나님께 드리고 이웃과 나누는 생활을 계속할 때 갈릴리 호수같이 신령한 생명이 자꾸 부어져 오고 물질의 축복도 건강도 자꾸 부어져 옵니다. 그러나 나누어 주기를 중단한다면 사해(死海, Dead Sea) 바다와 같이 모든 것이 그 속에서 썩고 부패하여 결국 죽어 버리고 맙니다.

삼위일체 하나님은 주심으로 존재합니다. 하나님은 그 아들을 주시고 예수님은 그 생명을 주시고 성령님은 자기 자신을 우리에게 주심으로 존재하고 계십니다. 우리도 끊임없이 다른 사람과 사랑을 나누고 믿음을 나누고 소망을 나누고 행복을 나누고 물질을 나눔으로 왕성한 생명력을 유지하고 살아갈 수 있습니다. 이러므로 여러분, 오늘 이 시간부터 우리는 나누어 주는 삶을 살기로 결심을 하십시다.

지금까지 우리가 행복을 소유할 수 있는 비결을 살펴보았습니다. 행복은 우연히 다가오는 것이 아닙니다. 실상 행복은 농부가 농사를 짓는 것과 동일한 원리로 우리의 생활 가운데 주어집니다. 농부가 밭을 가꾸고 씨를 뿌려서 잡초를 제거하고 열매를 맺는 것처럼 행복이란 여러분이 생활 가운데 행복의 씨앗을 심고 행복의 열매를 거두는 것과 같은 이치입니다.

여러분, 심고 거두는 법칙을 잘 아시지요? 성경은 "스스로 속이지 말라 하나님은 업신여김을 받지 아니하시나니 사람이 무엇으로 심든지 그대로 거두리라"(갈 6:7)고 말씀하고 있습니다. 육체를 위하여 심는 자는 육체로부터 썩어질 것을 거두고 성령을 위하여 심는 자는 성령으로부터 영생을 거두는 것과 같이 능동적으로 삶 가운데 기회가 있을 때마다 행복의 씨앗을 심어야 행복이 다가오는 것입니다.

오늘 제가 말씀드린 여섯 가지 조건으로 행복의 씨앗을 심어 놓으면 여러분과 저에게 행복이 다가올 것입니다.

첫째, 매일의 생활 중 주님을 영화롭게 하는 인생을 살아야 합니다. 둘째, 매일 정한 시간에 성경을 연구하고 기도함으로 내적으로 굶주린 사람이 되지 말아야 합니다. 셋째, 매일 마음의 병을 청산해서 마음이 죽음에 이르지 말게 해야 하며, 넷째, 가족들과 친해지도록 노력해야 합니다. 다섯째, 매주 주위의 성도들과 친교를 가지고, 여섯째, 매주일 이웃을 위한 좋은 일을 한 가지씩 하고 살아야 할 것입니다.

이와 같은 행복의 조건을 씨앗으로 심어 놓으면 행복이 여러분의 생활 속에 30배, 60배, 100배의 열매로 나타나게 되는 것입니다.

행복은 여러분의 선택에 달려 있습니다. 행복하게 살 것을 결심하고 선택하면 행복할 수 있고, 불행해지기를 선택하면 불행할 수밖에 없습니다. 그러므로 여러분 모두가 하나님께서 주신 천재일우(千載一遇)의 삶의 기회를 행복으로 채우고 나눔을 통해 우리의 이웃을 행복하게 만드는 삶을 살게 되시기를 예수님의 이름으로 축원합니다. 인생을 살면서 주 안에서 참으로 행복한 삶을 살게 되시기를 주님의 이름으로 축원합니다.

남에게 대접을 받고자 해려

"그러므로 무엇이든지 남에게 대접을 받고자 하는 대로 너희도 남을 대접하라 이것이 율법이요 선지자니라"(마 7:12)

사람은 누구나 남에게 인정받고 사랑받기를 원합니다. 하나님께로부터 축복받기를 원하며 이웃에게 대접받기를 원하는 것은 인지상정입니다. 어떻게 하면 그렇게 살 수 있겠습니까? 남에게 인정도 받고 사랑도 받고 하나님께 축복도 받고 대접도 받는 삶을 살 수 있는 길이 있을까요?

공자(孔子)의 제자 중에 자공(子貢)이라는 사람이 있었습니다. 한번은 자공이 공자에게 "선생님! 우리가 평생 동안 실천할 도리를 한 마디로 말씀해 주십시오."라고 부탁했습니다. 그러자 공자는 "자기가 하기 싫은 일은 남에게 시키지 말라. 이것을 일생의 목표로 삼고 살아가라."고 말했습니다. 소크라테스(Socrates)도 "너 자신에게 괴로운 일은 남에게 시키지 말라."고

했습니다. 유명한 유대교 랍비인 힐렐(Hillel) 역시 "네 자신이 싫은 것은 아무에게도 강요하지 말라. 이것이 율법의 전부요, 나머지는 해설에 불과하다."고 말했습니다.

그러나 예수님께서는 보다 적극적으로 "너희가 대접을 받고자 하는 대로 너희도 남을 대접하라"(마 7:12)고 말씀하셨습니다. 이것이 바로 동서고금을 막론하고 인간관계에 있어서 가장 중요한 행동 윤리이며, 인간관계의 황금율입니다.

즉, 우리가 하나님께 대접을 받고자 하면 먼저 하나님을 대접해야 합니다. 내가 먼저 하나님을 찬미하고 주님의 이름을 높이면 주님이 나를 높여 주시고, 내가 먼저 기도를 하면 주님이 기도에 응답해 주십니다. 먼저 주일 성수하고 십일조로 주님을 섬기면 주님께서 우리를 섬기십니다.

부부간에도 서로 사랑을 받고자 할 때 먼저 대접하면 상대방은 따라오게 되어 있습니다. 사람은 자기가 심은 대로 상대방으로부터 돌려받게 됩니다. 내가 바뀌면 상대방도 바뀌고, 내가 먼저 남을 대접하면 나도 어느 곳에 가든지 거두게 됩니다. 내가 하는 일을 다른 사람들이 알아주지 않아도 은밀하게 보시는 하나님께서 심은 대로 거두게 해 주십니다.

아브라함은 바로 이와 같은 하나님의 위대한 축복의 법칙을 사용한 사람이었습니다. 아브라함이 하나님께 복을 받을 수 있었던 이유를 살펴보겠습니다.

> **아브라함이 복을 받은 이유는 그가 하나님과 이웃을 극진히 대접하였기 때문입니다**

그는 무엇보다도 하나님께 십일조를 드려서 하나님을 기쁘시게 한 사람이었습니다. 아브라함이 전쟁에 나가서 크게 승리하고 많은 전리품을 가지고 돌아오는 길에 하나님의 제사장 살렘 왕 멜기세덱을 만난 이야기가 창세기 14장 18절부터 20절에 나옵니다. "살렘 왕 멜기세덱이 떡과 포도주를 가지고 나왔으니 그는 지극히 높으신 하나님의 제사장이었더라 그가 아브람에게 축복하여 이르되 천지의 주재이시요 지극히 높으신 하나님이여 아브람에게 복을 주옵소서 너희 대적을 네 손에 붙이신 지극히 높으신 하나님을 찬송할지로다 하매 아브람이 그 얻은 것에서 십분의 일을 멜기세덱에게 주었더라".

멜기세덱은 그 당시 중동에 거하는 지극히 크신 하나님의 제사장이었습니다. 아브라함이 전쟁에 나가서 크게 승리하고 돌아오는 길에 하나님의 제사장 살렘 왕 멜기세덱을 만났습니다. 그는 멜기세덱이 환영하는 환영식에 참석해서 떡과 포도주를 받고 난 다음 축복을 얻고 그가 취한 모든 전리품 중에서 십분의 일을 온전히 제사장에게 드렸습니다. 십일조는 하나님과 인간과의 관계에 있어 절대적으로 중요한 요건이 됩니다. 십일조를 통해서 우리는 실생활 가운데 하나님과 실제적으로 관계를 맺을 수 있게 됩니다. 삶 가운데 하나님의 살아계심을 경험하고 역사를 체험하게 됩니다. 따라서 십일조를 드리지 않는다는 것은 하나님과 우리의 관계가 단절되는 것을 의미하며 이는 하나님을 우리의 삶 속에 멸시하고 무시하는 행동이 되고 맙니다.

말라기 3장 8절에서 10절을 보면 다음과 같이 말씀합니다. "사람이 어찌 하나님의 것을 도둑질하겠느냐 그러나 너희는 나의 것을 도둑질하고도 말하기를 우리가 어떻게 주의 것을 도둑질하였나이까 하는도다 이는 곧 십일조와 봉헌물이라 너희 곧 온 나라가 나의 것을 도둑질하였으므로 너희가 저주를 받았느니라 만군의 야훼가 이르노라 너희의 온전한 십일조를 창고에 들여 나의 집에 양식이 있게 하고 그것으로 나를 시험하여 내가 하늘 문을 열고 너희에게 복을 쌓을 곳이 없도록 붓지 아니하나 보라".

하나님께서는 십일조와 봉헌물을 '나의 것, 나의 몫'이라고 말씀하셨습니다. 우리의 삶 속에서 얻어지는 모든 물질 중에 십분의 일은 하나님의 것입니다. '왜 나의 것을 도둑질하느냐. 그렇기 때문에 저주를 받았다.' 라고 말씀하시는 것을 보면 하나님께서는 십일조를 대단히 중요하게 생각하고 계신다는 것을 알 수 있습니다. 십일조를 드리지 않는다는 것은 하나님의 몫을 도둑질하는 것이요, 우리의 삶 속에 하나님의 주인 되심을 부인하고 하나님을 하나님으로 인정하지 않는 것을 의미합니다.

우리나라 볼펜의 대명사로 알려진 '모나미 153 볼펜'은 1963년 이름 없는 회사에서 출고될 당시 한 자루에 15원을 했습니다. 153 볼펜이 나오고 난 다음에 잉크병도 철필도 사라지고 사람들로부터 폭발적인 인기를 얻었으며 관공서, 학교, 회사에서 널리 사용되었고 곧장 KS마크를 획득한 국민적인 볼펜이 되었습니다.

그런데 이 볼펜이 나오게 된 유래가 있습니다. 회사가 어려워 볼펜을 생산할 공장이나 기술도 없는 도산의 위기에 처했을

때 송삼석 회장이 기도원에 가서 간절히 기도를 드리다가 하나님께로부터 직접 아이디어를 얻었습니다. 그는 기도하면서 자기의 생애를 돌아보았습니다. 그때까지 사업한다고 하면서 하나님께 범죄한 일들이 너무나 많이 마음에 떠올랐습니다.

먼저, 그는 주일 성수를 못한 것을 회개했습니다. "주님, 사업한다고 주일날 하나님을 섬기지 못한 죄를 회개합니다. 이제부터는 절대적으로 주일 성수 하겠습니다." 둘째로, 돈을 많이 벌고도 온전한 십일조를 하지 않은 것을 회개했습니다. "제가 하나님의 것을 떼어먹었습니다. 이제부터 십일조를 절대로 떼어먹지 않겠습니다." 셋째로, 새벽 기도 안 한 것을 회개했습니다. "주님, 제가 기도하기를 쉬는 죄를 범했습니다. 이제부터 새벽을 깨워서 기도하겠습니다." 이렇게 굳게 결심하고 기도한 후, 성경 말씀을 읽는 중에 요한복음 21장 11절의 말씀이 큰 감동으로 다가왔습니다. "시몬 베드로가 올라가서 그물을 육지에 끌어 올리니 가득히 찬 큰 물고기가 백쉰세 마리라 이같이 많으나 그물이 찢어지지 아니하였더라".

'그렇다! 이제 모나미 볼펜을 '모나미 153'으로 정해야 되겠다. 그러면 이 장사를 아무리 해도 그물이 찢어지지 않는다. 망하지 않을 것이다.' 라는 영감을 얻은 그는 기도원에서 내려

와서 '모나미 153'이라는 이름을 붙여서 볼펜을 만들기 시작했습니다. 그는 다음과 같이 기도했습니다. "하나님, 전 세계 모든 사람의 손에 이 볼펜이 다 들려지길 바랍니다. 50억 자루가 팔리게 해 주시옵소서." 그는 정말로 간 큰 기도했습니다. 50억 자루의 모나미 153 볼펜을 팔게 해 달라고 기도했던 것입니다. 실제로 전성기인 1978년에는 일 년에 12억 자루가 팔리기도 했습니다. 다양한 필기류가 나와 주춤하기도 했으나 IMF 이후에 다시 판매량이 늘어 그가 기도했던 대로 50억 자루를 팔 수 있게 되었습니다. 한 사람이 하나님 앞에 진지하게 자신의 신앙을 돌아보며 성수 주일 안 한 것을 돌이켜 고백하고 십일조 떼먹은 것을 회개하고 자복하고 기도를 등한히 한 것을 회개하고 자복하고 하나님과 올바른 관계를 맺기 위해 결심하고 새롭게 출발하자, 하나님이 함께 역사해 주셔서 크게 복을 주신 것입니다.

여러분, 아브라함은 하나님 앞에 십일조를 드리고 주의 종 제사장으로부터 축복을 받았습니다. 주의 종 제사장이 축복하면 하나님께서 응답하십니다. 멜기세덱이 아브라함을 축복하고 난 다음에 하나님은 아브라함에게 나타나셔서 말씀하셨습니다. "이 후에 야훼의 말씀이 환상 중에 아브람에게 임하여 이

르시되 아브람아 두려워하지 말라 나는 네 방패요 너의 지극히 큰 상급이니라"(창 15:1). 그리고 창세기 15장 4절부터 6절에 "야훼의 말씀이 그에게 임하여 이르시되 그 사람이 네 상속자가 아니라 네 몸에서 날 자가 네 상속자가 되리라 하시고 그를 이끌고 밖으로 나가 이르시되 하늘을 우러러 뭇별을 셀 수 있나 보라 또 그에게 이르시되 네 자손이 이와 같으리라 아브람이 야훼를 믿으니 야훼께서 이를 그의 의로 여기시고"라고 말씀하셨습니다.

아브라함은 하나님께 십일조를 드림으로 제사장으로부터 축복을 받을 수 있었습니다. 십일조를 자기 마음대로 떼어서 이리 주고 저리 주고 다른 일에 사용한다면 축복이 안 됩니다. 십일조는 하나님의 집에 드리고 주의 종 제사장으로부터 축복을 받아야 합니다. 주의 종 제사장의 축복을 받으면 하나님의 복이 임합니다. 이는 하나님께서 제사장에게 백성을 축복할 수 있는 권한을 위임하셨기 때문입니다.

민수기 6장 23절부터 27절은 다음과 같이 말씀합니다. "아론과 그의 아들들에게 말하여 이르기를 너희는 이스라엘 자손을 위하여 이렇게 축복하여 이르되 야훼는 네게 복을 주시고 너를 지키시기를 원하며 야훼는 그의 얼굴을 네게 비추사 은혜 베푸시기를 원하며 야훼는 그 얼굴을 네게로 향하여 드사 평강 주시기를 원하노라 할지니라 하라 그들은 이같이 내 이름으로 이스라엘 자손에게 축복할지니 내가 그들에게 복을 주리라". 즉, 제사장이 축복하면 그 복이 백성에게 임하게 하시겠다고 주님께서 말씀하신 것입니다.

저는 오랫동안 이런 생각을 했습니다. '내가 심방한다고 무슨 유익이 있겠는가?' 우리 성도들이 '집을 새로 지었으니 와서 축복 예배를 인도해 주십시오. 새로 사업을 시작했으니 축복해 주십시오. 공장을 지었으니 축복해 주십시오.'라고 초청해 올 때 '내가 누구이기에 그곳에 가서 예배를 인도한다고 복이 임하겠는가' 라고 생각하면서 확신을 가질 수가 없었습니다.

그런데 하루는 하나님께서 말씀하셨습니다. "네가 훌륭하고 네가 이 사람들과 달라서 너를 통해 복을 내리는 것이 아니다. 네게 주어진 직분이 너를 위대하고 가치 있고 훌륭하게 만드는 것이다. 너를 나의 종으로 세우고 제사장의 직분을 감당하게 한 것은 내 백성에게 복을 주라고 임명한 것이다. 그렇기 때문에 네가 가서 예수의 이름으로 예배를 인도하고 그들을 축복하면 그것을 통해 내가 그들에게 복을 내리는 것이다." 그 순간 저는 깨달았습니다. '아~ 주의 종 제사장이 가서 축복을 하

면 하나님이 그것을 받으시고 복을 내리시는 것이구나.' 바로 아브라함의 경우가 그러했습니다. 아브라함이 그의 십일조를 하나님의 거룩한 제사장 멜기세덱에게 드리고 멜기세덱이 그를 축복하자 아브라함의 생애 가운데 하나님의 놀라운 은총과 복이 임하게 된 것입니다.

오래 전 덴마크의 허닝(Herning)에 집회를 인도하기 위해 갔다가 그곳에서 목회하시는 피터 목사님으로부터 놀라운 간증을 들었습니다. 덴마크가 불황으로 힘들 때였는데 피터 목사님 교회에 출석하는 한 성도가 건축업을 하다가 파산을 했습니다. 그런데 이분이 하루는 5만 크로네(Krone), 한국 돈으로 약 1천만 원을 들고 와서 "목사님, 제가 여태까지 주님 중심으로 사업을 하지 않아서 이렇게 파산을 당하고 말았습니다. 지금 제가 가진 재산이라고는 이 5만 크로네가 전부입니다. 그동안 인간의 수단과 방법을 다 동원해 보았지만 소용이 없었습니다. 이제는 이 물질을 하나님께 드리고 오직 하나님의 도움만 의지하겠습니다. 그러니 목사님이 저를 위해 기도해 주십시오."라고 말하는 것이었습니다. 그래서 피터 목사님이 5만 크로네를 놓고 "당신이 하나님께 물질을 심었으므로 하나님께서 응답해 주실 것입니다. 하나님이여, 성도님에게 복을 내려 주시옵소서." 하고 간절히 축복을 해 주었습니다. 그런데 3개월이 지난 후에 이분에게 기적이 일어났습니다. 이 성도님이 정부에서 주도하는 5백만 크로네 상당의 공사에 입찰했는데 자기보다 훨씬 나은 많은 회사들을 제치고 공사 낙찰을 받았습니다. 그다음부터 하나님께서 그 성도님의 사업에 문을 열어 주셔서 파산했던 사업이 다시 일어날 뿐 아니라 왕성하고 창대하게 복을 받게 되어서 피터 곡사님의 목회 사역에 큰 도움이 되었다는 간증을 들었습니다. 하나님께서 자신이 가진 모든 것을 바친 그 사업가에게 주의 종의 축복을 통해 능력을 베풀어 주셨던 것입니다.

아브라함이 복을 받은 이유는 그가 부지 불식간에 하나님과 천사를 대접했기 때문입니다

아브라함은 자원해서 손님 대접하기를 원했고 또 즐겨했습니다. 당시 중동에서는 객이 지나가면 나와서 그 사람을 집으로 초청하여 발도 씻겨 주고 극진하게 대접을 해서 보냈습니

다. 또 밤에 잘 곳이 없는 사람은 집으로 초청해서 잠자리를 제공해 주는 것이 손님 접대의 관행이었습니다.

창세기 18장 1절부터 5절을 보면 아브라함이 지나가는 나그네를 어떻게 대접하였는가를 알 수 있습니다. "야훼께서 마므레의 상수리나무들이 있는 곳에서 아브라함에게 나타나시니라 날이 뜨거울 때에 그가 장막 문에 앉아 있다가 눈을 들어 본즉 사람 셋이 맞은편에 서 있는 지라 그가 그들을 보자 곧 장막 문에서 달려 나가 영접하며 몸을 땅에 굽혀 이르되 내 주여 내가 주께 은혜를 입었사오면 원하건대 종을 떠나 지나가지 마시옵고 물을 조금 가져오게 하사 당신들의 발을 씻으시고 나무 아래에서 쉬소서 내가 떡을 조금 가져오리니 당신들의 마음을 상쾌하게 하신 후에 지나가소서 당신들이 종에게 오셨음이니이다 그들이 이르되 네 말대로 그리하라".

아브라함은 하나님께서 두 천사를 데리고 사람의 모습으로 오실 줄은 꿈에도 몰랐습니다. 단지 세 사람을 그저 평범한 나그네라고 생각하고 손님 대접하기를 즐거워하여 대접한 것뿐이었습니다. 히브리서 13장 1절과 2절은 "형제 사랑하기를 계속하고 손님 대접하기를 잊지 말라 이로써 부지중에 천사들을 대접한 이들이 있었느니라"고 말씀하고 있습니다.

아브라함은 부지중에 그저 지나가는 나그네에게 정성어린 대접을 한 것입니다. 창세기 18장 6절부터 8절을 보면 "아브라함이 급히 장막으로 가서 사라에게 이르되 속히 고운 가루 세 스아를 가져다가 반죽하여 떡을 만들라 하고 아브라함이 또 가축 떼 있는 곳으로 달려가서 기름지고 좋은 송아지를 잡아 하인에게 주니 그가 급히 요리한지라 아브라함이 엉긴 젖과 우유와 하인이 요리한 송아지를 가져다가 그들 앞에 차려 놓고 나무 아래에 모셔 서매 그들이 먹으니라"고 말씀합니다.

아브라함이 손님 대접하는 것을 보면 그가 얼마나 정성을 다해 성심성의껏 손님을 대접하였는가를 알 수 있습니다. 그는 먼저 고운 밀가루로 빵을 만들어 대접했습니다. 그 당시에는 방앗간이 있는 것이 아니라 각자가 손으로 직접 밀가루를 찧어야 했기 때문에 고운 밀가루를 만들려면 상당한 수고와 노력이 요구되었습니다. 대개가 거친 밀가루를 먹었고 고운 밀가루는 특별히 귀한 손님을 대접할 때만 사용했습니다. 우리는 아브라함처럼 자신이 가진 가장 좋은 것으로 손님을 대접해야 합니다.

다음으로 아브라함은 소 떼 중에 들어가서 기름지고 좋은 송아지를 골랐습니다. 병약하여 마른 송아지를 고르지 않고,

기름지고 좋은 송아지를 골랐습니다. 세 사람의 손님을 대접하는데 온전히 송아지 한 마리를 다 잡아 요리했습니다. 그리고 버터와 우유를 가져왔습니다. 단백질이 풍부하고 지방과 칼슘이 많은 버터와 우유를 대접해서 여행으로 인한 피곤을 풀게 만들어 주었습니다. 아브라함이 정성을 다하여 풍성하게 대접하자 대접을 받은 세 사람이 아브라함을 축복해 주었습니다.

창세기 18장 9절과 10절은 "그들이 아브라함에게 이르되 네 아내 사라가 어디 있느냐 대답하되 장막에 있나이다 그가 이르시되 내년 이맘때 내가 반드시 네게로 돌아오리니 네 아내 사라에게 아들이 있으리라 하시니 사라가 그 뒤 장막 문에서 들었더라"고 말씀합니다.

아브라함은 깜짝 놀랐습니다. 보통 나그네인 줄 알았는데 알고 보니 야훼 하나님이 두 천사를 데리고 지나가시다가 아브라함의 장막을 방문하였던 것입니다. 이처럼 손님 대접을 잘하면 부지중에 하나님을 대접할 수 있는 기회도 오게 된다는 것입니다.

저는 이런 이야기를 읽은 적이 있습니다. 어느 추운 겨울날 한 나병 환자가 성 프란시스를 찾아와 하룻밤을 자고 가게 해 달라고 간청을 했습니다. 그의 얼굴과 손은 문드러져 있었고 또 다 헤어진 신발 사이로 썩어가는 발가락이 보였습니다. 그런데도 성 프란시스는 자신의 옷을 벗어 그를 감싸 안고 집으로 들어갔습니다. 프란시스는 따뜻한 물로 짓무른 그의 상처를 씻어 주고 저녁식사를 극진히 대접한 후 하나밖에 없는 방에서 그와 함께 잠을 잤습니다. 그날 밤 프란시스의 꿈에 예수님이 나타나셨습니다. 예수님은 그의 손을 잡으며 "프란시스야, 오늘 대접 잘 받았다. 고맙다."라고 말씀하셨습니다. 프란시스가 깜짝 놀라 깨어 보니 같이 잠을 자던 나병 환자가 온데간데없이 사라졌고 그가 있던 자리는 이름 모를 향기로 가득하게 채워져 있었다는 것입니다. 프란시스는 나병 환자인 줄 알고 대접을 했는데 주님이 나병 환자의 모습으로 그에게 나타나신 것입니다. 이처럼 우리가 나그네를 대접하면 부지불식간에 예수님을 대접하게 되는 것입니다. 언제 어떤 모습으로 예수님이 우리를 방문하실지 우리는 알 수 없습니다. 그러므로 우리는 예수님을 대하듯 정성껏 나그네를 대접해야만 합니다.

성경에도 다음과 같은 말씀이 있습니다. "내가 주릴 때에 너희가 먹을 것을 주었고 목마를 때에 마시게 하였고 나그네 되었을 때에 영접하였고 헐벗었을 때에 옷을 입혔고 병들었을 때에 돌보았고 옥에 갇혔을 때에 와서 보았느니라 이에 의인들

이 대답하여 이르되 주여 우리가 어느 때에 주께서 주리신 것을 보고 음식을 대접하였으며 목마르신 것을 보고 마시게 하였나이까 어느 때에 나그네 되신 것을 보고 영접하였으며 헐벗으신 것을 보고 옷 입혔나이까 어느 때에 병드신 것이나 옥에 갇히신 것을 보고 가서 뵈었나이까 하리니 임금이 대답하여 이르시되 내가 진실로 너희에게 이르노니 너희가 여기 내 형제 중에 지극히 작은 자 하나에게 한 것이 곧 내게 한 것이니라 하시고"(마 25:35-40).

우리는 그리스도를 대접하는 심정으로 우리의 이웃을 대접하고 돌보아 주어야 합니다. 바로 그것이 예수님을 대접하는 것과 같다는 사실을 기억해야 합니다. 아브라함이 자기 장막 앞을 지나가던 세 사람을 지극한 정성으로 대접한 것이 결과적으로 자신도 깨닫지 못하는 중에 하나님과 천사들을 대접한 것이 되었고 이를 통해 형언할 수 없는 축복을 받게 된 것입니다.

주님께서는 주님을 사랑하는 증거를 이웃을 사랑하고 섬기는 모습 속에서 찾으십니다. 많은 사람들이 "나는 예수님만 사랑하면 되었지, 저 거지하고는 상관없다. 저 병든 자와는 상관없다. 저 노숙자가 나와 무슨 상관이 있느냐? 감옥에 갇힌 자가 나와 무슨 상관있느냐? 나는 예수님만 사랑하면 된다."고 말함니다. 그러나 주님은 예수님을 사랑하는 증거를 고통당하는 이웃을 사랑하고 품고 대접하는 모습 속에서 찾으신다고 말씀하십니다. 예수님을 어디에서 찾을 수 있습니까? 감옥에 갇힌 자의 모습 속에서, 병든 자, 노숙자, 굶주린 자, 소외된 자, 버림받은 사람들 속에서 찾을 수 있습니다. 우리는 이들을 예수님처럼 대접하고 섬겨야 합니다. 그러므로 여러분, 우리가 예수님을 사랑하고 마음속에 섬긴다고 하면서 고통 중에 있는 이웃을 돌아보고 섬기는 일을 등한히 한다면 그 사랑은 거짓과 위선이 되고 맙니다.

예전 어떤 잡지에서 이런 기사를 본 적이 있습니다. 예수 믿는 사람이 이기적이라고 생각하는 사람들이 31%나 되고, 비인격적이라고 생각하는 사람들이 23%나 되고, 위선적이라고 생각하는 사람들이 19%나 된다고 기록되어 있었습니다. 이처럼 세상 사람들은 우리 예수 믿는 사람들을 부정적인 눈으로 보고 있습니다. 이와 같은 결과에 대해서 우리는 가슴 아프게 생각해야 합니다. 우리가 그리스도를 대접하는 마음으로 고통받는 이웃에게 따뜻한 손길을 내밀어 주었다면 오늘날과 같이 사회 전반에서 우리 예수 믿는 사람들을 이와 같이 부정적이고 비판적인 시각으로 바라보지 않았을 것입니다.

> 아브라함이 복을 받은 이유는 하나님께서 그에게 있는 가장 귀한 것을 원하셨을 때 즉시로 말씀에 순종하여 드렸다는 데 있습니다

하나님께서는 아브라함에게 네 아들 네 사랑하는 독자 이삭을 제물로 드리라고 말씀하셨습니다. 창세기 22장 1절과 2절을 보면 "그 일 후에 하나님이 아브라함을 시험하시려고 그를 부르시되 아브라함아 하시니 그가 이르되 내가 여기 있나이다 야훼께서 이르시되 네 아들 네 사랑하는 독자 이삭을 데리고 모리아 땅으로 가서 내가 네게 일러 준 한 산 거기서 그를 번제로 드리라"고 말씀합니다.

자식을 번제로 삼아 드리라는 명령은 자식을 가진 부모에게는 가장 순종하기 어려운 명령입니다. 어느 일본 목사님이 설교 중에 다음과 같은 말을 했습니다. "하나님께서 아브라함에게 외아들을 바치라고 하셨을 때 아브라함은 순종했으나 나는 나의 두 딸 중 하나를 바치라고 하신다면 도망을 치고 말 것입니다." 보통 사람들은 그렇게 할 것입니다. 어떻게 자식을 불

로 태워서 드릴 수가 있겠습니까? 못할 것입니다. 그러나 아브라함은 자신에게 가장 귀중하고 귀중한 독자라도 하나님의 명령에 우선할 수는 없다고 여기고 하나님의 명령에 절대 순종했습니다.

창세기 22장 3절은 말씀합니다. "아브라함이 아침에 일찍이 일어나 나귀에 안장을 지우고 두 종과 그 아들 이삭을 데리고 번제에 쓸 나무를 쪼개어 가지고 떠나 하나님이 자기에게 일러 주신 곳으로 가더니". 히브리서 11장 17절은 "아브라함은 시험을 받을 때에 믿음으로 이삭을 드렸으니 그는 약속들을 받은 자로되 그 외아들을 드렸느니라"고 말씀합니다.

정말로 어려운 일이지만 자기에게 가장 귀한 것이라도 하나님께서 바치라고 하시면 바쳐야 합니다. 아브라함이 복을 받을 수 있었던 것은 그가 하나님의 말씀에 절대 복종하였기 때문입니다.

사무엘상 15장 22절과 23절에는 다음과 같은 말씀이 있습니다. "사무엘이 이르되 야훼께서 번제와 다른 제사를 그의 목소리를 청종하는 것을 좋아하심같이 좋아하시겠나이까 순종이 제사보다 낫고 듣는 것이 숫양의 기름보다 나으니 이는 거역하는 것은 점치는 죄와 같고 완고한 것은 사신 우상에게 절

하는 죄와 같음이라 왕이 야훼의 말씀을 버렸으므로 야훼께서도 왕을 버려 왕이 되지 못하게 하셨나이다".

하나님은 하나님의 말씀에 순종하는 것을 크게 기뻐하시고 말씀에 불순종하는 것은 우상 사신에 절을 하고 점치는 행위와 같다고 말씀하셨습니다. 그러므로 하나님의 말씀에 순종하는 것이 얼마나 귀합니까? 아브라함은 그 외아들 이삭을 데리고 모리아 산에 사흘 길을 걸어가 산 위에 올라가서 제단을 만들고 장작을 펼쳐 놓고 그 아들 이삭을 장작 위에 얹어 놓고 발로 목을 밟고 칼로 경동맥을 끊으려고 했습니다. 하나님께서는 이러한 아브라함의 순종을 받으셨습니다. 그리고 그와 그의 후손들에게도 복을 약속하셨습니다.

"야훼의 사자가 하늘에서부터 두 번째 아브라함을 불러 이르시되 야훼께서 이르시기를 내가 나를 가리켜 맹세하노니 네가 이같이 행하여 네 아들 네 독자도 아끼지 아니하였은즉 내가 네게 큰 복을 주고 네 씨가 크게 번성하여 하늘의 별과 같고 바닷가의 모래와 같게 하리니 네 씨가 그 대적의 성문을 차지하리라 또 네 씨로 말미암아 천하 만민이 복을 받으리니 이는 네가 나의 말을 준행하였음이니라 하셨다 하니라"(창 22:15-18).

성령의 음성을 따라 하나님께 자신의 가장 귀한 것을 드리면 하나님께서 반드시 갚아 주시고 복을 내리십니다. 하나님께서는 우리가 이 세상에 살면서 우리의 모든 문제가 해결되고, 우리의 필요가 충족되고, 하나님의 기적이 일어나는 방법으로서 먼저 그리스도와 복음을 위해서 희생의 씨앗을 심어야 된다는 것을 가르쳐 주십니다. 하나님께서 원하시면 우리에게 있는 가장 소중한 것도 올려 드려야 합니다.

제가 1969년도에 서대문에서 목회할 때에 하나님께서는 "만 명을 수용하는 있는 교회를 짓고 전 세계에 선교사를 보내라."고 말씀하셨습니다. 저는 굉장히 괴로웠습니다. 당시 우리 교회 성도들이 만여 명 정도 되었는데 가난하기가 말로 다할 수가 없고, 당시 교회가 가지고 있는 돈은 단돈 백만 원이 전부였습니다. 그런데 수십억이 드는 이 거대한 사역을 어떻게 할 수 있겠습니까? 그래서 저는 주야로 부르짖었습니다. "주님이시여, 할 만한 사람을 택해서 명령하소서, 저는 도저히 할 수가 없습니다." 이때 하나님께서 제게 하신 말씀이 "네게 무엇이 있느냐?"는 말씀이었습니다. 저는 "아무것도 없습니다."라고 대답했습니다. 그러자 하나님께서는 "네 뒤에 숨긴 것이 무엇이냐?"라고 말씀하셨고, 저는 "아이고, 아버지 하나님, 이것은 유일하게 제 소유로 되어 있는 집입니다. 집 한 채 있는 것, 이

것만은 안 됩니다."라고 말씀드렸습니다.

그때 제가 갓 결혼해서 냉천동에 집 한 채를 가지고 있었습니다. 그런데 하나님께서는 기도할 때마다 "네가 여의도에 나가서 만 명을 수용하는 교회를 지으려면 네 집부터 먼저 내놓아라. 네 집부터 먼저 심어라."고 반복해서 말씀하셨습니다. 저는 이 말씀에 순종하기가 굉장히 힘이 들었습니다. 그래서 제가 말씀을 드렸습니다. "주님이시여, 이 집은 내 개인의 소유가 아니고 우리 집사람하고 공동 소유입니다. 제 마음대로 못 내놓습니다." 그러면 하나님께서는 "잔소리 말고 내놓아라."라고 말씀하셨습니다.

그렇게 하나님과 줄다리기하던 어느 날 드디어 굳은 결심을 했습니다. 저는 집사람에게 그 말을 꺼내기가 너무 힘이 들어서 과자 한 봉지와 스카프를 사 가지고 가서 집사람의 기분이 좋아졌을 때, "여보, 그 집문서를 하나님께 바쳐야겠어."라고 말했습니다. 예상했던 대로 집사람은 "이 집은 당신 집일 뿐 아니라 나와 장차 태어날 우리 애들의 집인데 어떻게 당신 마음대로 이 집을 바칠 수 있어요?"라고 하는 것이었습니다. 집사람의 태도는 단호했습니다. 저는 다시 하나님께 기도했습니다. "하나님, 들으셨지요. 제가 제 마음대로 못한다고 안 그랬습니까? 그러니 주님께서 우리 집사람의 마음을 감동시키셔서 집문서가 나오도록 해 주셔야지 별도리 있습니까?"

그런데 그날 밤 집사람이 잠을 못 이루고 자꾸 이리 뒤척 저리 뒤척 하기에 제가 속으로 "하나님 아버지, 집사람의 마음을 움직여 주시옵소서. 하나님께서 움직여 주셔야지 사람의 힘으로 되나요. 제 힘으로는 못해요."라고 기도했습니다. 그랬더니 아침에 집사람이 "아무래도 하나님이 집을 드리라고 하시는 것 같아요."라면서 집문서를 제게 내주었습니다. 저는 떨리는 손으로 그 집문서를 가지고 와서 하나님의 제단 위에 올려드렸습니다. 그러고 나자, 그때부터 하늘에서 믿음이 쏟아져 내려오기 시작하는데, 주체할 수가 없었습니다.

지금 생각해 보니 그때 집 한 채를 바친 것을 하나님께서 백 배로 갚아 주셨습니다. 그래서 이 교회가 설립되지 않았습니까? 하나님께서는 백 배가 아니라 수천 배, 수만 배로 갚아 주신 것입니다. 당시 제게는 무척 쓰라린 경험이었지만 하나님을 위해서, 복음을 위해서 그것을 심자 하나님께서는 30배, 60배, 100배로 돌려주신 것입니다. 그렇기 때문에 주님께서 말씀하시면 참신앙인은 아픔이 있더라도 언제나 자신이 가진 것을 희생하여 드릴 수 있어야 합니다. 제가 가진 모든 재산을 성령

의 음성을 듣고 하나님의 사업에 다 바치고 난 다음에 하나님께서는 제 목회 사역과 여의도순복음교회에 넘치게 복을 내려 주셨습니다.

시편 25편 12절과 13절은 "야훼를 경외하는 자 누구냐 그가 택할 길을 그에게 가르치시리로다 그의 영혼은 평안히 살고 그의 자손은 땅을 상속하리로다"고 말씀하고 있습니다.

미국의 존 필립스(John Phillips)라는 사람이 지난 2백 년 동안 하나님을 잘 섬기고 순종하며 십일조를 드린 가정과 그렇지 못한 가정을 무작위로 골라 통계를 낸 후 다음과 같은 결과를 발표했습니다. 그의 발표에 의하면 교회를 해치고 주의 종을 교회에서 쫓아내고 자신도 교회를 떠났던 일본계 미국인 마쓰시꼬의 가문에서는 2백 년 동안에 거지가 306명, 강도가 63명, 살인자가 7명, 매음자가 26명, 저능아가 203명, 하급 관리가 73명이 나왔다고 합니다. 그러나 위대한 설교가요, 신학자요, 하나님의 종이었던 조나단 에드워드(Jonathan Edwards) 목사의 가문에서는 2백 년 동안에 목사가 203명, 대학 총장이 13명, 교수가 108명, 부통령이 1명, 전권대사가 1명, 국회의원이 21명, 기자가 80명이 나왔다고 합니다.

하나님을 잘 섬기고 받든 가정과 그렇지 못한 가정을 비교

해 볼 때 당대에는 별 차이가 나지 않지만 후대에 갈수록 현격한 차이가 난다는 것을 알 수 있습니다. 많은 사람들이 하나님이 숨어 계시고 잠잠하게 계시니까 무력한 하나님, 우리와 동떨어져 계시는 하나님, 역사하지 않는 하나님이라고 무시하고 있습니다. 그러나 하나님은 숨어 계시며 고요하고 잠잠하고 침묵하고 계시지만 온 우주를 다스리시고 역사를 주관하시고 인간의 생사화복을 주장하고 계시는 분이십니다.

우리 한국 사람에게는 하나님께 복 받을 수 있는 장점들이 많이 있습니다. 세계에서 한국 사람만큼 푸짐하게 손님을 대접하는 사람들도 없습니다. 저는 오래전 다음과 같은 체험을 했습니다. 우리 교회에서는 미국에서 한국에 선교사로 오신 분이나 강사로 오신 분들을 늘 풍성하게 대접을 했습니다. 저도 우리 집에 청해서 있는 것 없는 것 다 내놓고 상다리가 부러지도록 대접을 했습니다. 얼마 후 제가 성회를 인도하기 위해 미국에 가서 그분들 집에 초대를 받아 가게 되었습니다. 저는 한국에서 상다리가 부러지도록 대접했던 것을 기억하고 내심 어마어마하게 대접받을 것을 기대하며 찾아 갔습니다. 그런데 식탁 위에 닭다리 하나가 나오더니 더 나올 것을 기다리고 있는데

그것이 끝이라고 하는 것입니다. 저는 마음에 굉장히 충격을 받았습니다.

우리 한국 사람들은 손님 대접을 아주 잘 합니다. 비록 자신들은 굶을지라도 손님은 아주 풍성하게 대접을 합니다. 이것이 바로 아브라함과 같이 하나님께 복 받을 수 있는 자격 조건이 되는 것입니다.

또한 우리 한국 성도들은 주의 종들 대접을 아주 잘합니다. 아무리 그러지 말라고 해도 심방 가면 정성스럽게 주의 종을 대접합니다. 그래서 때로는 역효과가 나기도 합니다. 어려운 생활 중에도 주의 종이 오면 차비라도 드린다고 주머니 다 털어 가지고서 주의 종을 대접합니다. 그렇게 하지 말아야 하는데도 그렇게 합니다. 아무리 하지 말라고 해도 합니다. 그러나 제가 일본이나 미국이나 유럽에 다녀 보면 아무리 가도 아무것도 안 줍니다. 그래도 한국 사람들은 섭섭하다며 어디를 가든 무엇이라도 하나 내놓고 섬기려고 합니다. 그러지 말아야 되겠지만 그러한 심성을 하나님께서 아름답게 보시는 것입니다. 한국인만큼 푸짐하게 손님 대접을 잘하는 나라가 없습니다.

또 한국인은 선물 주기를 좋아합니다. 선물도 아주 푸짐하게 줍니다. 일본에 가도 선물을 주기는 주는데 조그마한 과자 봉지를 하나 줍니다. 미국이나 유럽에서는 남의 집을 방문할 때 장미꽃 한 묶음을 달랑 들고 갑니다. 그러나 한국 사람들은 큰 보따리에 선물을 싸서 주기도 하고 받기도 합니다. 물론 한국 사람들이 선물 주기를 너무 좋아하다 보니 뇌물 천국이 되어서 사회에 물의를 일으키기도 합니다. 그럼에도 불구하고 넉넉함과 풍성함으로 손님을 대접하는 것이 하나님께서 보실 때는 좋은 품성인 것입니다. 자신은 먹지 않고 쓰지 않으면서도 남에게는 선물을 주고 대접하는 그런 푸짐하고 좋은 성품을 가지고 있습니다.

한국 성도들은 헌금과 십일조도 열심히 드립니다. 세계적으로 한국 교회만큼 드리라고 하는 교회가 없습니다. 십일조 있지요, 주정 헌금 있지요, 월정 헌금 있지요, 남 선교회 회비 있지요, 여 선교회 회비 있지요, 권사회 회비 있지요, 또 구제 헌금 있지요, 선교 헌금 있지요, 건축 헌금 있지요, 다 계산하면 정신이 아뜩해집니다. 다른 나라에는 그런 것 없습니다. 다른 나라에는 십일조 헌금만 있는데 한국은 그렇지가 않습니다. 그래도 한국 성도들은 불평하지 않고 있는 힘을 다해서 교회에 물질을 드립니다. 그 때문에 한국 교회가 세계 기독교의 역사

상에 유래를 볼 수 없을 만큼 축복을 받고 발전을 하게 된 것입니다. 이 자그마한 나라가 미국 다음으로 선교사를 가장 많이 보내고 있습니다. 역사를 통해서 볼 때 전체 선교사의 과반수 이상을 파송한 나라가 하나님의 축복을 받았습니다. 유럽과 영국이 온 세계에 선교사를 보낼 당시 유럽이 세계 강대국이었습니다. 그러나 이제는 미국이 전 세계에서 가장 많은 선교사를 보내고 있고 다음으로 대한민국이라는 조그마한 나라에서 선교사를 가장 많이 보내고 있습니다. 이처럼 한국 사람들은 여러 가지 부족한 점이 많음에도 불구하고 하나님의 복을 받을 수 있는 자격을 갖추고 있습니다. 물론 결점도 많이 있습니다. 그러나 하나님은 장점을 크게 보시고 복을 허락하여 주십니다.

아브라함은 하나님께 철저하게 십일조를 드림으로 제사장으로부터 축복을 받았습니다. 손님 대접하기를 힘써서 부지불식중에 하나님과 천사를 대접하고 복을 받았습니다. 또한 하나님께서 말씀하시자 순종하여 자신의 가장 아끼고 사랑하는 외아들 이삭을 제단에 드렸습니다. 하나님께서 이러한 아브라함의 행위를 기쁘게 보시고 그의 인생을 창대하게 하시고 창대하게 하셨습니다.

하나님께서는 우리의 인생 가운데 우리가 하나님과 우리의 이웃을 대접한 행위대로, 심은 대로 거두게 하십니다. 그렇기 때문에 우리는 인생의 텃밭에 좋은 씨를 심어야 합니다. 농사꾼은 텃밭에 무엇을 심을까를 궁리하고 막연한 기적을 기대하지 않습니다. 왜냐하면 밭은 정직하기 때문입니다.

어떤 제자가 스승인 현인에게 물었습니다. "제게 왜 기쁨이 없습니까? 왜 다른 사람들이 제게 행복을 주지 못합니까?" 현인은 말했습니다. "그대는 어찌 한 되짜리 그릇을 가지고 한 말의 쌀을 받아 오려고 하는가? 한 조각의 천을 들고 옷 만드는 집에 가서 한 벌의 옷을 지어 달라고 말할 수 있겠는가? 매사를 찡그린 얼굴로 대하면서 기쁨이 있기를 기대할 수 있겠는가? 다정한 이웃, 베푸는 사람이 되지 않고서 어찌 다른 사람이 행복을 줄 것이라고 생각하는가?"

이처럼 인생은 심은 대로 거두는 것입니다. 밭은 심은 종류대로, 심은 양만큼 생산하게 됩니다. 인생의 텃밭도 마찬가지입니다. 365일이라는 새날들은 여러분 각자에게 주신 하나님의 텃밭이라고 할 수 있습니다. 삶의 텃밭에 기회가 있을 때마다 순종으로, 희생으로, 헌신으로, 사랑으로, 선행으로 심어야겠습니다.

이웃을 사랑하고 우리 주변의 소외되고 헐벗고 굶주리고

버려진 사람들을 대접하는 것이 바로 하나님과 예수님을 대접하는 것임을 명심하고, 그들 속에 있는 하나님을 대접하고 예수님을 모시는 여러분들이 되시기를 예수님의 이름으로 간절히 축원합니다.

"그러므로 무엇이든지 남에게 대접을 받고자 하는 대로 너희도 남을 대접하라 이것이 율법이요 선지자니라"(마 7:12).

청소년의 직업 훈련과 자립 지원, 무의탁 노인의 노후 생활 보장과 거동이 불편한 노인에게 치료와 요양 서비스를 제공해 주는 '엘림복지타운'

이제는 나눌 때

이제는 사랑과 행복을 나눌 때 (눅 10:25-37)

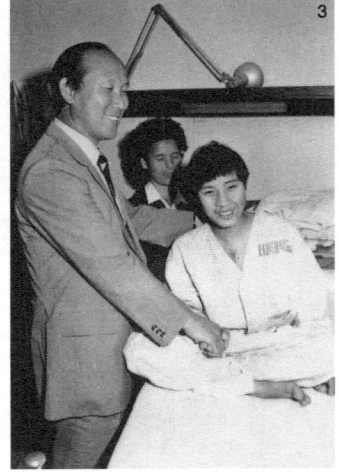

1·2 2008년 4월, 심장병 수술 4000명 돌파 기념 예배 후 어린이들과 함께
3 1984년, 첫 심장병 무료 수술을 마친 김영식 군

이제는 사랑과 행복을 나눌 때

"어떤 율법 교사가 일어나 예수를 시험하여 이르되 선생님 내가 무엇을 하여야 영생을 얻으리이까 예수께서 이르시되 율법에 무엇이라 기록되었으며 네가 어떻게 읽느냐 대답하여 이르되 네 마음을 다하며 목숨을 다하며 힘을 다하며 뜻을 다하여 주 너의 하나님을 사랑하고 또한 네 이웃을 네 자신같이 사랑하라 하였나이다 예수께서 이르시되 네 대답이 옳도다 이를 행하라 그러면 살리라 하시니 그 사람이 자기를 옳게 보이려고 예수께 여짜오되 그러면 내 이웃이 누구니이까 예수께서 대답하여 이르시되 어떤 사람이 예루살렘에서 여리고로 내려가다가 강도를 만나매 강도들이 그 옷을 벗기고 때려 거의 죽은 것을 버리고 갔더라 마침 한 제사장이 그 길로 내려가다가 그를 보고 피하여 지나가고 또 이와 같이 한 레위인도 그곳에 이르러 그를 보고 피하여 지나가되 어떤 사마리아 사람은 여행하는 중 거기 이르러 그를 보고 불쌍히 여겨 가까이 가서 기름과 포도주를 그 상처에 붓고 싸매고 자기 짐승에 태워 주막으로 데리고 가서 돌보아 주니라 그 이튿날 그가 주막 주인에게 데나리온 둘을 내어 주며 이르되 이 사람을 돌보아 주라 비용이 더 들면 내가 돌아올 때에 갚으리라 하였으니 네 생각에는 이 세 사람 중에 누가 강도 만난 자의 이웃이 되겠느냐 이르되 자비를 베푼 자니이다 예수께서 이르시되 가서 너도 이와 같이 하라 하시니라"(눅 10:25-37)

닭을 여러 마리 기르다 보면 병든 닭이 한 마리씩 생길 때가 있습니다. 이때 병들지 않은 다른 닭들이 보이는 반응은 참으로 잔인합니다. 병든 닭을 품고 위로해 주기는커녕, 모두 덤벼들어 상처 입은 부위를 쪼아 대다가 결국 그 닭을 죽게 만들어 버립니다. 오늘날 우리 사회 역시 마찬가지입니다. 상처 입고 뒤쳐진 자들을 보살피고 살리는 대신 외면하고 정죄하여 도태시켜 버립니다. 말 그대로 적자생존의 비정한 세상인 것입니다. 이러한 사랑 부재의 시대를 살아가는 우리에게 예수님께서 비유로 말씀하신 '강도 만난 자' 이야기는 참으로 의미심장하게 다가옵니다.

강도 만난 자 비유

　예수님께서 들려주신 강도 만난 자 비유는 다음과 같습니다. 한 사람이 예루살렘을 떠나 여리고로 내려가는 도중에 강도를 만났습니다. 예루살렘은 높은 지대에 있고 여리고는 예루살렘에서 약 70km 떨어진 낮은 지대에 있습니다. 여리고는 농축산물이 풍부한 오아시스로서, 사람들은 여기에서 수확한 농축산물을 예루살렘으로 가지고 올라가서 팔아 돈을 전대에 가득 채워 내려가곤 했습니다. 예수님이 비유로 말씀하신 이 사람 역시 예루살렘에서 장사를 하여 번 돈을 잔뜩 지고 가다가 강도를 만난 것 같습니다. 그는 가지고 있던 귀중품과 입고 있던 옷을 빼앗기고 심한 폭행까지 당하여 거의 죽게 되었습니다. 그가 피투성이가 된 채 길에 쓰러져 신음하고 있을 때, 세 부류의 사람이 그의 곁을 지나갔습니다. 이 세 사람의 태도를 보면서 우리는 진정한 이웃 사랑이 무엇인지 생각하게 됩니다.

　첫 번째로 지나간 사람은 유대교의 율법과 제사를 집행하는 제사장이었습니다. 오늘날로 말하면 종교 지도자나 성직자에 해당됩니다. 종교 지도자나 성직자라면 당연히 강도 만나

어려움에 처한 사람을 돌봐야 했었습니다. 하지만 이 제사장은 율법주의자였습니다. 율법주의자는 모든 것을 율법의 눈으로 보고 판단하며 행동하는 사람입니다. 율법의 눈으로만 보면 사람의 잘못된 점만 찾아내어 지적하고 정죄하게 됩니다. 어쩌면 그 제사장은 피투성이가 된 그 사람을 보며 '왜 이렇게 위험한 길을 조심성 없이 지나가다가 화를 자초했나?'라고 혀를 차며 꾸짖었을지 모릅니다. 또한 그는 거의 죽게 된 사람을 보고 '시체를 만지면 안 된다.'는 제사장이 지켜야 하는 율법을 떠올리고는 서둘러 자리를 피했을 수도 있습니다. 유대인들은 시체를 만지면 자신이 부정하게 된다고 생각하였습니다. 그는 율법 준수를 위해, 자신의 종교적 거룩함과 정결함을 지키기 위해 강도 만난 사람을 외면했을 수 있습니다.

그러나 율법주의자인 그 제사장은 정작 율법의 근본정신을 모르는 사람이었습니다. 율법의 근본정신은 바로 하나님 사랑과 이웃 사랑입니다. 그가 진정으로 율법을 실천하려는 사람이었다면 정죄하고 판단하기 이전에 피 흘리며 죽어가는 사람에게 이웃 사랑이라는 율법 정신을 실천하여야 했습니다. 성경은 "즐거워하는 자들과 함께 즐거워하고 우는 자들과 함께 울라 서로 마음을 같이하며 높은 데 마음을 두지 말고 도리어 낮은

데 처하며 스스로 지혜 있는 체하지 말라"(롬 12:15-16)고 말합니다. 남의 즐거움에 함께 기뻐하고 남의 아픔에 함께 아파해야 한다는 것입니다. 종교적 우월감을 갖고 상대를 판단하고 정죄하기 이전에 동정하고 긍휼을 베풀어야 한다는 것입니다.

구약 성경을 보면 하나님께서는 "나는 인애를 원하고 제사를 원하지 아니하며"(호 6:6)라고 말씀하셨습니다. 예수님께서도 "너희는 가서 내가 긍휼을 원하고 제사를 원하지 아니하노라 하신 뜻이 무엇인지 배우라 나는 의인을 부르러 온 것이 아니요 죄인을 부르러 왔노라"(마 9:13)고 말씀하셨습니다. 또한 성경은 계속해서 "하나님 아버지 앞에서 정결하고 더러움이 없는 경건은 곧 고아와 과부를 그 환난 중에 돌보고 또 자기를 지켜 세속에 물들지 아니하는 그것이니라"(약 1:27)고 말합니다. 즉, 진정한 거룩은 피투성이가 된 사람을 피해감으로써 지키는 외형적 거룩이 아니라 피로 얼룩진 사람을 끌어안음으로써 지키는 내면적 거룩입니다.

두 번째로 지나간 사람은 제사장을 도와 유대교의 의식을 집행하는 레위인이었습니다. 그 역시 강도 만난 사람을 그냥 지나쳐 갔습니다. 이 레위인은 굉장히 개인주의적인 사람이었는지도 모릅니다. 그는 성전에서 종교적인 의식이나 행하면

되지 동정이나 사랑 같은 것은 자신의 알 바가 아니라고 생각했던 것 같습니다. 그렇기에 그는 강도를 만나 피투성이가 된 사람을 보고도 양심의 가책을 느끼지 않고 그냥 지나쳐 갈 수 있었습니다. 또한 그는 강도 만난 사람을 보고서 자신도 혹 흉악한 강도를 만날까 두려워 서둘러 자리를 피해 갔는지 모릅니다.

레위인은 제사장만큼은 아니지만 나름대로 종교적 특권을 누렸던 특권층이었습니다. 그러나 그는 자신의 종교적 의식 집행에만 관심을 두었지 다른 사람을 돌아보고 사랑을 실천하는 데에는 관심을 가지지 않았습니다. 이는 오늘날 우리 교회가 타산지석으로 삼아야 할 모습입니다. 혹 '나만 교회에 나가서 하나님께 예배드리고 구원받으면 된다. 다른 사람이야 어떻게 되든 내가 상관할 바가 아니다.' 라는 식의 매우 이기적인 신앙생활을 하고 있지는 않은지 스스로를 돌아보아야 합니다.

성경은 "만일 형제나 자매가 헐벗고 일용한 양식이 없는데 너희 중에 누구든지 그에게 이르되 평안히 가라, 덥게 하라, 배부르게 하라 하며 그 몸에 쓸 것을 주지 아니하면 무슨 유익이 있으리요 이와 같이 행함이 없는 믿음은 그 자체가 죽은 것이라"(약 2:15-17)고 말합니다. 예수를 믿노라 하면서도 헐벗고 굶주린 이웃을 도와주지 않는다면 이것이 곧 죽은 믿음이라는 것입니다.

세 번째로 지나간 사람은 사마리아인이었습니다. 사마리아인은 이방 민족과 피를 나눈 유대 혼혈인이었습니다. 이들은 순수 혈통이 아니라는 이유로 당시 유대 사회에서 '개'로 취급받을 정도로 천대와 멸시를 받는 사람이었습니다. 그는 제사장이나 레위인 같은 성직자나 종교인이 아니었음에도 불구하고 강도 만난 사람을 보자 갖고 있던 기름과 포도주로 상처를 치료하고 싸맨 후, 자신이 타고 온 짐승에 그 사람을 태워 여관으로 데리고 가 돌보아 주었습니다. 그리고 자신의 여비에서 두 데나리온이라는 돈을 내어 그의 치료비로 쓰게 하였습니다. 그는 자신의 능력 한도 내에서 최선을 다해 강도 만난 자를 도운 것이었습니다.

예수님은 이 비유를 말씀하신 후 "너도 이와 같이 하라"(눅 10:37)고 말씀하셨습니다. 본래 이 이야기는 '사람이 어떻게 해야 영생을 얻게 되는가?'라는 한 유대인 율법 교사의 질문에서 시작된 것이었습니다. 결국 예수님께서는 이 비유를 통해 영생을 얻는 삶, 진정한 율법, 진정한 기독교는 '하나님 사랑과 이웃 사랑', 이 두 가지 중 어느 것도 소홀히 할 수 없다는 것을 말

쏨하신 것입니다. 물론 우리가 선한 행위로써 구원을 받는 것은 아닙니다. 그러나 진정으로 구원받은 자라면 당연히 이러한 선행을 하여야 합니다. 성경은 행함이 없는 믿음은 죽은 것이라고 말하기 때문입니다. 예수님께서는 충격적이고 극단적인 예를 들어 소위 종교인이라고 자부하는 자들의 위선을 꾸짖은 것입니다. 하나님을 사랑한다고 하면서, 말씀을 실천한다고 하면서도 실상 내 옆에 있는 이웃의 고통에 대해 눈 감고 있는 형식적 신앙에 대해 경고하신 것입니다.

우리 역시 강도 만난 자였다

사실 알고 보면 우리는 모두 강도 만난 자들이었습니다. 우리의 조상 아담과 하와가 에덴동산에서 강도를 만났습니다. 원수 마귀가 그들을 속여 그들의 영혼을 죽이고 삶을 도적질하고 미래를 훔쳐간 것입니다. 그 결과 아담의 자손인 우리 역시 모두 강도와 같은 마귀를 만나 영혼의 복도 삶의 복도 건강의 복도 다 도적맞고 만 것입니다. "도둑이 오는 것은 도둑질하고 죽이고 멸망시키려는 것뿐이요"(요 10:10)라는 말씀처럼, 우리는 마귀라는 강도를 만나 우리의 의로움과 거룩함과 건강과 풍요와 영원한 생명을 빼앗기고 말았습니다. 이 귀한 것을 빼앗긴 다음 인류는 수천 년 간 상처투성이, 피투성이가 되어 죄책과 절망, 허무와 무의미, 질병과 가난, 죽음의 공포의 늪에서 발버둥 쳐 왔습니다.

누가 이러한 우리를 도와주었습니까? 무엇이 우리를 이 절망의 구렁텅이에서 건져내었습니까? 율법이었습니까? 형식과 의식이었습니까? 다름 아닌 우리 주 예수 그리스도의 사랑이었습니다. 선한 사마리아인이 되신 예수님께서 피투성이가 된 우리에게 찾아오셔서 우리의 상처 난 부위에 성령의 기름과 당신의 보혈을 부어 주시고 우리를 사랑의 팔로 안아 은혜의 짐승에 태워 천국 주막집인 교회로 데려다 주셨습니다. 예수님은 율법과 의식이 아닌 사랑과 자비로써 강도 만난 인류, 강도 만나 절망 가운데 신음하는 우리를 구하시고 의로움과 거룩함과 건강과 풍요와 영원한 생명을 되찾아 주셨습니다.

뿐만 아니라 예수님께서는 강도 만난 우리를 위해 자신의 옷이 아닌 자신의 몸을 찢으셨습니다. 몸을 찢고 피를 흘려 자신을 인류의 대속 제물로 드리셨습니다. 우리를 향한 절절한 사랑 때문에 예수님은 기꺼이 죽음의 자리까지 나아가신 것이

었습니다. 그렇기 때문에 성경은 "사랑은 죽음같이 강하고 …… 많은 물도 이 사랑을 끄지 못하겠고 홍수라도 삼키지 못하나니"(아 8:6-7)라고 말합니다. 우리를 향한 예수님의 사랑은 죽음과 맞바꿀 만큼 아니 죽음보다 강하고 죽음을 뛰어넘을 정도로 위대하여 어떠한 홍수라도 그 사랑의 불길을 삼킬 수 없다는 것입니다. 또한 로마서 5장 8절은 "우리가 아직 죄인 되었을 때에 그리스도께서 우리를 위하여 죽으심으로 하나님께서 우리에 대한 자기의 사랑을 확증하셨느니라"고 말합니다. 실제로 예수님께서는 우리를 위하여 친히 죽으심으로 우리를 향한 사랑을 증명해 보이셨습니다. 예수님께서는 요한일서 3장 18절 말씀처럼, 말과 혀로만 우리를 사랑하신 것이 아니라 행함과 진실함으로 죽기까지 사랑하셨습니다. 죽음으로써 사랑을 증명하신 것입니다. 결국 율법과 종교 의식이 아닌 죽음을 불사한 진실한 사랑이 우리를 구원한 것입니다.

이러한 사랑을 받은 우리가 어찌 율법과 형식과 의식에 매여 우리 주변의 불우한 자들에 대해 무정하고도 무관심한 태도를 보일 수 있겠습니까? 찬송가 356장(성자의 귀한 몸)의 3절 가사처럼, 이 사랑 받은 우리는 주님의 사랑의 십자가를 지고 신실한 믿음과 마음으로 형제의 사랑과 친절한 위로를 누구에게

나 베풀어야 할 것입니다.

어떻게 사랑과 행복을 나눌 것인가?

그렇다면 우리는 어떻게 해야 우리가 받은 이 사랑과 이 사랑으로 인해 얻게 된 행복을 나눌 수 있을까요?

첫째, 가장 일차적인 이웃 사랑의 실천은 복음을 전하여 그들도 우리와 같이 영원한 생명을 얻게 하는 것입니다. 성경은 "사람이 만일 온 천하를 얻고도 제 목숨을 잃으면 무엇이 유익하리요 사람이 무엇을 주고 제 목숨과 바꾸겠느냐"(마 16:26)라고 말합니다. 그러므로 복음을 증거하는 것은 이웃에게 천하를 주는 것보다 더 가치 있는 일입니다. 죄악에 빠져 멸망의 구렁텅이에서 헤어나지 못하는 이웃에게 복음을 증거하는 일이야말로 참된 사랑의 실천인 것입니다.

둘째, 이웃을 성공시키는 것이 이웃에 대한 사랑의 실천입니다. 오늘날 많은 사람들이 자신의 성공을 위해 남을 짓밟고 급기야 멸망시키려고 온갖 권모술수를 다 동원합니다. 그러나 이웃을 해치려는 그 해는 오히려 자신에게 돌아올 뿐입니다.

성경은 "무엇이든지 남에게 대접을 받고자 하는 대로 너희도 남을 대접하라 이것이 율법이요 선지자니라"(마 7:12)고 말합니다. 진정한 성공을 원하는 자는 진심으로 남을 성공시키는 사람이 되어야 합니다.

어떤 농부가 신문에서 아주 좋은 옥수수 종자를 개발했다는 기사를 읽었습니다. 그는 재빨리 그 옥수수 종자를 구하여 밭에 심었습니다. 가을이 되자 옥수수 농사가 얼마나 잘되었던지 이웃집보다 갑절의 수확을 얻었습니다. 그러자 이웃집 농부가 찾아와 그 옥수수 씨앗을 나누어 달라고 부탁했습니다. 그러나 이 농부는 '나만 잘되면 된다.'는 이기심 때문에 나누어 주지 않았습니다.

그런데 그 이듬해에는 전년보다 수확이 좋지 못했습니다. 그리고 3년째 되는 해에는 이웃집보다 수확이 더 적었습니다. 나중에 알고 보니 이웃집 옥수수의 꽃가루가 바람을 타고 와서 자기 옥수수 밭에 떨어져 수정이 되는 바람에 오히려 옥수수 품종이 전보다 더 나빠져 수확이 안 좋았던 것입니다. 만약 좋은 옥수수 종자를 이웃집에 나눠 주었더라면 좋은 옥수수 꽃가루가 수정되어서 좋은 옥수수를 많이 생산할 수 있었을 텐데, 욕심을 부리다가 자기 농사를 망치고 이웃집 농사도 망치고 만 것입니다. 그 농부가 이웃집을 성공시키려 했다면 자신도 성공했을 것인데 자신만 성공하려고 하다가 낭패를 보고만 것입니다. 우리는 이와 반대로 이웃이 잘되는 것을 바라고 도와주어 이웃을 성공시키는 사람들이 되어야 할 것입니다.

셋째, 본문의 선한 사마리아인처럼 가난하고 헐벗고 상처받은 이웃을 찾아가 구체적으로 도와주어야 합니다. 즉, 도움이 필요한 이웃에게 실제적인 도움을 베풀어 주라는 것입니다. 이 경우 많은 사람들이 '내게 무엇이 있어야 남을 도울 것이 아닌가?' 하고 고민합니다. 그러나 고민할 필요가 없습니다. 예수님의 비유에 등장한 선한 사마리아인 역시 자기가 가진 것으로 강도 만난 자를 도왔습니다. 그는 자신이 가진 기름, 포도주, 입고 있는 옷, 가진 돈으로 곤경에 처한 자를 도운 것이었습니다. 이렇듯 작은 빵 한 조각, 몇 벌의 옷, 몇 켤레의 신발 등과 같이 우리에게 있는 그것을 나누면 되는 것입니다.

예수님께서 성인 남자 5천 명을 포함해 수만 명을 먹이신 벳새다 광야의 기적을 보십시오. 이러한 기적은 한 소년이 바친 오병이어, 즉 작은 빵 두 조각과 물고기 두 마리에서 비롯된 것입니다. 적고 보잘 것 없어 보이는 것이라도 사랑의 마음으로 내어 놓으면, 주님께서 그 위에 축사하셔서 놀라운 기적을

베푸시는 것입니다. 사랑의 실천은 이와 같이 적은 것에서부터 시작합니다.

저희 내외가 선교차 러시아 모스크바에 갔을 때 우리를 안내하던 한 부인이 뒤축이 다 닳은 신발을 신고 다니고 있었습니다. 그 당시만 해도 소련이 붕괴된 지 얼마 안 된 때라 물자가 매우 귀했습니다. 그래서 저희 집사람이 자기가 신던 신발을 주었는데 그 부인이 그것을 받고 얼마나 좋아하며 고마워했는지 모릅니다. 없는 것을 나누라는 것이 아닙니다. 내가 신던 신발도 없는 사람에게는 보배인 것입니다.

이러한 물질 외에도 슬픔을 당하고 외로운 이웃을 찾아가 진심을 담은 따뜻한 말 한 마디를 건네고 손 한번 잡아 주고 안아 주는 것 역시 사랑을 실천하는 길입니다. 소외되고 고난당한 이웃을 찾아가 말동무를 해 주고 빨래나 설거지, 집안 청소를 도와주는 것 역시 우리가 돈 없이도 할 수 있는 사랑 실천입니다.

넷째, 내가 사랑을 실천해야 할 이웃은 지금 내가 만나고 있는 자라는 것입니다. 특별한 무엇이 아닌 지금 내게 있는 것으로 남을 도와야 하듯, 우리는 특별한 누군가가 아니라 지금 내가 만나는 사람, 지금 내 곁에 있는 사람을 도와야 합니다. 현재 내 곁에 있는 그 사람이 바로 내가 사랑을 실천해야 할 대상이라는 것입니다.

한 부부가 기도하는 중에 주님으로부터 "오늘 내가 너희를 찾아 가겠다."는 말씀을 들었습니다. 그래서 그 부부는 아침부터 집안을 깨끗하게 청소하고 좋은 음식을 잔뜩 준비하여 예수님을 기다리고 있었습니다. 그런데 하루 종일 기다려도 예수님이 나타나시지 않았습니다. 이윽고 저녁이 되었습니다. 갑자기 문 두드리는 소리가 들려 이 부부는 반갑게 문을 열었는데, 예수님이 아니라 어떤 고아 한 명이 문 앞에서 벌벌 떨고 있었습니다. 이들은 실망했지만 그 소년이 너무 불쌍해 보여 그 소년을 씻기고 옷을 입히고 밥을 먹여 보내 주었습니다.

밤 12시가 되어도 예수님이 오시지 않자 이들 부부는 잠잘 준비를 하고 있었습니다. 그때 갑자기 문 두드리는 소리가 들렸습니다. 황급히 문을 열자 예수님이 아닌 한 나그네가 폭설에 온 몸이 얼어붙은 채 서 있는 것이었습니다. 그래서 이 부부는 그 나그네에게 따뜻한 음식과 옷가지와 잠자리를 제공하여 하룻밤 재워 주었습니다.

이튿날 그 부부는 "주님, 오신다고 해 놓고선 왜 안 오셨어요?"라고 기도한 후 잠이 들었습니다. 그런데 그날 밤 꿈에 예

수님이 그들에게 나타나셔서 "내가 너희 집에 가서 대접을 잘 받았다."라고 하시는 것이었습니다. 깜짝 놀란 부부는 "언제 오셨습니까? 언제 우리가 대접했습니까?"라고 묻자, 예수님께서는 "내가 한번은 고아의 모습으로, 한번은 나그네의 모습으로 너희 집을 방문했는데, 너희들이 나를 참 잘 대접해 주더구나."라고 말씀하셨다고 합니다.

오늘날도 마찬가지입니다. 예수님은 여러분의 이웃의 모양으로 여러분 주위에 있는 것입니다. 마태복음 25장 35절에서 40절의 말씀처럼, 예수님은 굶주린 자로서, 목마른 자로서, 나그네로서, 헐벗은 자로서, 병든 자로서, 감옥에 갇힌 자로서 여러분 곁에 와 계십니다.

예수님을 만나기 위해 금식하고 철야하는 것도 필요합니다. 하지만 우리는 우리 이웃 가운데에서도 예수님을 만날 수 있습니다. 예수님께서는 우리 곁에 있는 가난하고 헐벗고 병들고 버림받은 사람들을 예수님의 이름으로 섬기는 것이 바로 예수님 자신을 섬기는 것이라고 말씀하셨기 때문입니다. 우리는 모두 마지막 날에 다 주님 앞에 설 것입니다. 그때 우리는 주님께 무엇이라고 말할 수 있을까요? 우리는 우리 주위에 있는 불우한 이웃들을 예수님의 이름으로 섬김으로써 마지막 날 주님 앞에 설 때 대답할 말을 준비해야 할 것입니다. 그러므로 우리는 내가 현재 만나고 있는 자, 내 곁에 있는 자들 중에 어려움에 처해 있는 자가 없는지 살피고 그들의 필요를 채워 주어야 할 것입니다.

물론 이 말은 내 곁의 사람만 도우라는 뜻은 아닙니다. 이제는 지구촌 시대이며, 우리 한국을 비롯하여 한국 교회는 지구촌의 이웃을 도울 수 있을 만큼 영육 간에 넘치는 축복을 받았습니다. 또한 우리 역시 서구 기독교 국가들로부터 영육 간에 많은 도움을 받았습니다. 그렇기 때문에 우리는 할 수 있는 대로 지구촌의 보다 많은 이들에게 복음과 함께 사랑과 행복을 나누어야 합니다. 단, 그 대상이 하나님께서 내 곁에 보내준 이웃들로부터 시작해야한다는 것입니다.

그러므로 우리는 내 곁에 있는 이웃들부터 시작하여 그들에게 복음을 증거함으로, 그들이 성공하도록 도와줌으로, 내가 가진 것을 구체적으로 나누어 줌으로, 사랑과 행복 나눔을 실천해야 할 것입니다.

진정한 행복은 나눔에서 온다

이와 같이 누군가에게 무엇을 나누어 준다고 하면 마치 자신이 희생하는 것 같고 왠지 손해 보는 것 같은 느낌이 간혹 들기도 합니다. 그러나 곰곰이 생각해 보면 이러한 나눔이야말로 진정한 행복으로의 지름길이라는 것을 발견하게 됩니다.

우주에서 가장 불행한 자는 누구일까요? 바로 사탄입니다. 사탄은 가지고 또 가져도 만족이 없습니다. 사실 사탄은 하나님이 만드신 천사 중에서 가장 아름답고 영화로운 존재였습니다. 그러나 그는 끝없는 탐욕으로 무엇이든 움켜쥐려고 했으며 급기야 하나님의 보좌까지 탐하다가 타락하고 말았습니다. 그리고 사탄은 이제 이 세상의 보좌를 차지하기 위해 도적질하고 빼앗고 죽이는 자가 되었습니다. 이렇듯 나누지는 않고 움켜쥐려고만 하는 자에게는 만족이 없습니다. 바닷물을 마시면 마실수록 그 갈증이 해소되지 않듯이, 가지면 가질수록 탐욕은 끊임없이 새로운 탐욕을 부를 뿐입니다. 결국 사탄은 이러한 탐욕의 노예가 되어 영원한 만족을 얻지 못한 채 끝없이 남의 것을 탐하는 불행한 존재가 되고 말았습니다. 자꾸 움켜쥐려고

한다는 자체가 그 마음에 만족이 없다는 것을 반증하는 것입니다. 이처럼 사탄은 이 우주에서 가장 불행한 자입니다.

반면 우리 하나님은 우리에게 자꾸 '주는 자' 이십니다. 성경은 "오직 우리에게 모든 것을 후히 주사 누리게 하시는 하나님"(딤전 6:17)이라고 말합니다. 하나님은 천지만물을 우리 인류에게 주셨습니다. 뿐만 아닙니다. "하나님이 세상을 이처럼 사랑하사 독생자를 주셨으니"(요 3:16)의 말씀처럼, 하나님은 우리가 멸망당하지 않도록 자신의 독생자까지 우리를 위해 내어 주셨습니다. 또한 성경은 "자기 아들을 아끼지 아니하시고 우리 모든 사람을 위하여 내주신 이가 어찌 그 아들과 함께 모든 것을 우리에게 주시지 아니하겠느냐"(롬 8:32)고 말합니다. 가장 아끼시는 독생자 예수님까지 주신 하나님께서 우리에게 유익이 되는 그 어떤 것을 주시지 않겠느냐는 것입니다. 그렇기 때문에 우리 하나님은 이 우주에서 가장 행복하신 분이십니다. 자기 생명을 포함하여 모든 것을 기꺼이 줄 수 있다는 것 자체가 우리 하나님께서는 스스로 만족해 하시는 분이라는 것을 반증하는 것입니다.

결국 진정한 행복과 만족은 주는 것, 즉 나누는 것에 있습니다. 그렇기 때문에 성경은 "주 예수께서 친히 말씀하신바 주는

것이 받는 것보다 복이 있다 하심을 기억하여야 할지니라"(행 20:35)고 말하는 것입니다.

제2차세계대전 때의 일입니다. 일본의 포로수용소에 수감된 많은 필리핀 병사들이 형편없는 식사와 생활환경 때문에 수없이 죽어갔지만 의료진과 약품의 부족으로 어찌할 수 없었습니다. 그런데 하루는 심한 상처를 입은 비둘기 한 마리가 철조망을 건너 포로수용소에 떨어졌습니다. 이를 발견한 필리핀 병사들은 이 비둘기를 살리려고 서로 끌어안고 쓰다듬어 주고 치료해 주고 먹이를 주었습니다. 얼마 되지 않아 이 비둘기는 곧 건강을 회복했고 창공을 향해 훨훨 날아갔습니다.

그 뒤 이 포로수용소에 기적이 일어났습니다. 파리 목숨마냥 죽어가던 그 필리핀 병사들의 사망률이 60%나 줄어든 것입니다. 전에는 일본인에 대한 미움과 원한, 절망적 환경 등으로 인해 우울해하다 병들어 죽었지만, 병든 비둘기를 사랑하고 돌보다 보니 웃음을 되찾고 건강을 회복한 것입니다. 사랑과 나눔의 샘이 터지자 마음이 행복해지고 몸이 건강해진 것입니다. 이것이야말로 나눔의 힘입니다. 무엇인가를 받아서 인생의 의미를 발견하고 건강을 회복한 것이 아닙니다. 내게 있는 무언가를 남을 위해 나눠 주다 보니 인생의 의미를 발견하고 건강을 회복하게 된 것입니다.

1931년 노벨평화상 수상자인 제인 아담스(Jane Addams)는 본래 시카고 대부호의 딸로 태어나 의사가 되기를 꿈꾸던 소녀였습니다. 그러나 척추장애라는 질병으로 학업을 포기하게 되자 크게 낙심한 그녀는 그 충격을 잊기 위해 유럽으로 여행을 떠났습니다. 여행 도중 그녀는 영국의 빈민굴에서 자신보다 더 비참하고 불행한 삶을 사는 이들을 보게 되었습니다. 그들의 처참한 모습은 그녀 자신의 상처보다도 더 큰 충격으로 다가왔습니다. 그래서 그녀는 자신의 평생을 가난한 청소년들에게 글을 가르치고 가출한 소녀들을 사랑으로 교화하는 일에 헌신하게 되었습니다. 그녀는 당시 미국 내에 200만 명에 달하는 아동 노동자 문제를 해결하기 위해 백악관 아동회의를 창설하였으며 가출 청소년 교육의 산실로 유명한 시카고의 '헐 하우스(Hull House)'를 세웠습니다. 이러한 헌신적인 공로가 인정되어 그녀는 1931년 노벨평화상을 수상하게 된 것입니다. 그녀는 자신이 받은 물질적 축복과 사랑을 나눔으로써 척추장애라는 자신의 불행을 뛰어넘어 역사에 남는 위대한 인생, 행복한 인생을 살게 된 것입니다.

이와 같이 남을 기쁘게 하고 남에게 사랑을 나누어 주면 그

기쁨과 사랑은 몇 갑절로 되돌아와 우리를 행복하게 하고 우리의 인생을 더 가치 있고 풍요롭게 만듭니다. 사랑과 행복의 샘은 나누면 나눌수록 더 풍성히 솟아오르는 샘물이기 때문입니다. 그래서 성경은 주는 것이 받는 것보다 복이 있다고 말씀합니다.

축복의 50년, 나눔의 50년

올해는 여의도순복음교회가 설립되고 제가 목회를 시작한 지 50년이 되는 해입니다. 고대 이스라엘에서는 50년째가 되는 해를 '희년'(禧年)이라고 말합니다. 이 희년은 가난으로 인해 남에게 넘겨주었던 땅이 원 소유주에게 되돌려지고 종이 된 이스라엘 사람이 풀려나게 되는 해방과 자유의 해입니다. 이 희년 제도는 하나님께서 명령하신 것으로서, 헐벗고 소외된 사람들을 보호하기 위한 제도적 장치이자 하나님의 섬세한 배려라고 볼 수 있습니다. 이에 저는 목회 50년을 마감하면서 제2기 사역으로 '사랑과 행복 나눔 운동'을 시작하였습니다. 이는 우리 시대의 '강도 만난 자', 즉 가난하고 상처 입고 소외된 자들을 돕기 위함입니다.

물론 우리 교회는 지금까지 꾸준히 사랑을 실천해 왔습니다. 노인과 청소년들을 위한 엘림복지타운 설립, 소년 소녀 가장 돕기, 4천 명의 국내외 어린이에게 심장병 시술, NGO 'GOOD PEOPLE'(선한 사람들)을 통한 북한을 비롯한 국내외 구호 사업, 평양심장전문병원 설립 등 많은 구제 사업들을 해 왔고 지금도 계속하고 있습니다.

그러나 보다 더 적극적인 사랑을 실천하기 위해 사랑과 행복 나눔 재단을 설립하여 하나님의 사랑과 행복을 나누어 주는 일을 하고자 합니다. 지나간 50년 동안 우리 교회가 받은 축복을 이제 한국과 북한, 그리고 지구촌의 이웃들에게 보다 더 많이 나누어 주고 싶은 바램 때문입니다. 지나간 50년이 '축복의 50년'이라면 이제 새롭게 시작하는 50년은 '나눔의 50년'이라고 할 수 있습니다.

'사랑과행복나눔' 재단을 통해 우리 교회와 저는 구체적으로 빈곤층을 대상으로 한 의료 및 법률 지원, 주택 개·보수, 위기 가정 지원, 노인 복지, 장애인 복지, 소년 소녀 가장 지원, 다문화 가족 복지 등을 진행하려고 합니다. 첫 사업으로 일흔이 넘은 노모를 비롯하여 온 가족이 장애를 가진 한 가정에 주택을 지어 주는 일을 시작했습니다. 이는 작은 것에 불과합니다.

그러나 이것이 작은 불씨가 되어 하나님이 베푸신 사랑과 행복이 한국과 세계에 널리 전파되기를 소망합니다.

"이 세 사람 중에 누가 강도 만난 자의 이웃이 되겠느냐 이르되 자비를 베푼 자니이다 예수께서 이르시되 가서 너도 이와 같이 하라 하시니라"(눅 10:36-37).

그래도 사랑해야지